AF413295

بسم الله الرحمن الرحيم

حدیث هفته

سخنان گهربار حضرت رسول اکرم (ص) با تشریحات موضوعی

دکتر فرید یونس

۲۰۲۳ میلادی

محل چاپ: ایالات متحده امریکا توسط

IngramSpark publishing

این اثر را به روح برادرم مرحوم انجنیر دگروال همایون یونس و همسر گرامی اش بی بی مهری فرهادی یونس که الحمدالله در قید حیات است، تقدیم می کنم.

پیشگفتار

سال ۱۹۹۳ میلادی بود که من برای بار اول احادیث ریاض الصالحین را از دوره دو جلدی خلاصه کردم و همان احادیث را انتخاب کردم که در زندگی امروز از نگاه اجتماعی به درد خور است. مردم دین دوست بسیار علاقه گرفتند و چون "کاپی رایت" یا حقوق طبع نداشت سه بار مردم آن را چاپ کردند. این استقبال مردم من را تشویق کرد تا در مورد حدیث زیاد تر کار کنم.

موضوع حدیث مخصوصاً برای مسلمانان که در غرب زمین زندگی میکنند واقعاً سوال بر انگیز و جنجال بر انگیز است زیرا درین کشور ها مردم حق دارند مسائل را زیر سوال ببرند در حالیکه در کشور های اسلامی همه مطالب دینی را بدون سوال و یا تحقیق کورکورانه قبول کرده اند. و درین هیچ جای شک و تردید نیست که احادیث جعلی داخل متون دینی ما شده است مخصوصاً در بخش بانوان احادیث وجود دارد که زن را مطلق غلط معرفی می کند و این مسله در کشور های اسلامی باعث تبعیض و تعصب بر علیه زن شده است در حالیکه در قرآن مجید و رویه اساسی محمد (ص) جزیی ترین تبعیض و تعصب در مقابل زن وجود ندارد.

از آنجایکه حدیث نه تنها که مرجع دوم شرع بعد از قرآن است فرهنگ دهنده هم است. یعنی مسلمان وقتی فرهنگ اسلامی دارد که حدیث درست و ثقه در زندگی او وجود داشته باشد. بعد از تحقیقات مفصل در مورد حدیث به این نتیجه رسیدیم که برای اینکه حدیثِ درست از جعلی تفکیک شده بتواند و ما حدیث را که اصلاً یک صد و پنجاه سال بعد از رحلت حضرت رسول کریم (ص) جمع آوری شده است درست تشخیص کنیم باید حدیث اول به قرآن مطابقت داشته باشد. دوم به شخصیت والای پبامبر که قرآن او را رحمت للعالمین خطاب کرده است. سوم حدیث باید به عدالت بشری مطابقت داشته باشد زیرا قرآن کتاب عدل است و محمد (ص) مظهر علم و بلاخره چهارم به علم امروز مطابق باشد

تا بتواند جوابگوی نیازمندی های جامعه ای امروزی باشد.

سال ۲۰۲۱ بود که من یک کتاب حدیث را به زبان انگلیسی برای جوانان که در غرب بزرگ شده اند زیرعنوان اندرزهای پیامبر ترتیب و به نشر سپردم که با استقبال گرم مواجه شد. آن کتاب به زبان انگلیسی به نام Maxims of the Prophet در سایت جهانی آمازون موجود است.

این مجموعه که به دست شما قرار دارد صد حدیث ثقه حضرت رسول کریم است با تشریحات موضوعی که این کار نو است. در اندرزهای پیامبر تشریحات موضوعی نیست فقط حدیث منحیث یک پند و اندرز ذکر شده است تا جوانان بخوانند و زود به خاطره بسپارند. مثلاً نظافت نصف ایمان است. بسیار کوتاه و اما جامع. از ذکر راوی و تشریح حدیث خودداری شده است. اما این مجموعه شامل تشریحات موضوعی است که نشان میدهد که نه تنها که حدیث فرهنگ دهنده است در عین زمان در مسائل امروز زندگانی ما ربط دارد وقتی ما از علوم امروزی کار بگیریم و حدیث را موشکافی کنیم و درک واقعی داشته باشیم.

از بی بی یاسمین جان یونس، برادر زاده ای عزیزم که این احادیث را به فرانسوی ترجمه کرده است قلباً سپاسگزارم و خدا اجر دنیا و آخرت را نصیب اش گرداند.

فرید یونس
ایالت کلیفورنیا
ایالات متحده آمریکا

حدیث شماره ۱

جمعه مبارك

سلام عزیزان

نوبت حدیـث هفتـه رسیـد. امـروز روی تفسیـر یونـس کار میکـردم و در جـز پنجـم رسیـده ام. بـه آیـه ۸۶ سـوره نسـاء برخـوردم کـه معنـی آن چنیـن اسـت:

"و چـون بـه شـما سـلام گفتـه شـود، پـس بـه درودی بهتـر از آن مبادرت ورزیـد و یـا بالمثـل پاسـخ گوییـد. بـدون شـک خداونـد حسـابرس همـه چیـز اسـت."

ببینیـد کـه اسـلام دیـن صلـح و آداب اجتماعـی اسـت و چـون اسـلام از واژه سـلمه مشـتق شـده یعنـی صلـح بایـد مـا همیشـه کوشـش کنیـم کـه بـا خـود و دیگـران بـا صلـح زیسـت کنیـم.

صلـح چگونـه بـه وجـود مـی آیـد؟ احتـرام متقابـل در همـه امـور نـه اینکه مـا خـود را تحمیـل کنیـم و یـا از زور کار گیریـم. در امـور خانوادگـی و اجتماعـی بایـد بـرای ایجـاد صلـح از هرگـون منفـی گرایـی ماننـد غیبت، بـد گویـی، گلـه و گـزاری، توقـع داشـتن، تخریـب اشـخاص، کینـه و دشـمنی کـه در اسـلام اصـلاً نیسـت، و خـود سـتایی جلـو گیـری کنیـم. دکـه خـور نباشـیم. دیـوار نـم کـش نباشـیم زیـرا دکـه خـور بـودن و دیـوار نـم کـش بـودن عـزت نفـس ضعیـف را نشـان میدهـد. اینهـا همـه سـلامت و صلـح زیسـت بأهمـی را بـه هـم مـی زنـد.

حضـرت رسـول کریـم (ص) در مـورد سـلام و حکمـت سـلام ایـن را گفتـه اسـت: "بخیـل تریـن مـردم آنکـس اسـت کـه از سـلام دادن بخـل ورزد."

در حدیـث دیگـر رحمـت للعالمیـن فرمـوده اسـت: "آنکـه سـلام آغـاز مـی کنـد از تکبـر بـر کنـار اسـت." مـی بینیـم کـه کسـی کـه سـلام را جـدی نمیگـرد یـا بخیـل اسـت و یـا متکبـر کـه ایـن دو صفـت را قـرآن محکـوم مـی کنـد. خداونـد سـر مـا رحـم مـی کنـد و مـا را مـورد عفـوه

قرار میدهد وقتی ما به یکدیگر سلام می کنیم. حدیث سوم به تایید آمرزش است و رسول خدا چنین گفته است: "از جمله لوازم آمرزش ادای سلام و نیکی کلام است."

عزیزان

حتی شما فکر می کنید کسی است که شما را خوش ندارد و با شما مشکل دارد، شما تشبث به سلام کنید و درین مقطع است که مؤمن واقعی هستید .

جمعه مبارک
اول اکتوبر ۲۰۲۰

حدیث شماره ۲

جمعه مبارک

سلام عزیزان

یک هفته ی دیگر سپری شد و نوبت حدیث هفته رسید.

یکی از مشکلات جامعه ای افغانستانی خشمگین شدن مردم است. در هر موضوع ما خشمگین می شویم، تهدید می کنیم و فتنه برپا می کنیم. بنده در گذشته یک مضمون به انگلیسی زیرعنوان Anger Management نوشته بودم و حالا لازم دانستم که این حدیث هفته را به همین موضوع تخصیص دهم. قرآن مجید به این موضوع روانشناسی و روحی به تماس شده است و مسلمانان را از قهر شدن و غضب شدن هشدار میدهد. مطالعات روانشناسی نشان میدهد که نه تنها که غضب شدن به ما صدمه ای خانوادگی و اجتماعی می رساند به صحت و سلامتی ما هم صدمه می رساند. قهر شدن و غضب شدن کار یک مسلمان متمدن نیست. آنانی عصبی می شوند که عزت نفس پایین دارند، عقده های روحی و روانی دارند و یا بالای شان ظلم شده است. حتی که ظلم شده باشد باید با منطق و استدلال معقول از حقوق خود دفاع کند نه اینکه غضب شود. غضب از نگاه جامعه شناسی و روانشناسی این تنها نیست که کسی چیزی می گوید و شما عصبی می شوید. ما غضب سیاسی داریم که باعث قتل یک شخص بیگناه می شود. ما غضب اقتصادی داریم که تحریم اقتصادی به خاطر که یک کشور قدرتمند مانند آمریکا با ایران قهر است. ما غضب خانوادگی داریم که حقوق زن یا شوهر پایمال می شود. ما غضب اجتماعی داریم مانند تظاهرات و اعتصابات که مردم برای اعاده حقوق خود به راه می اندازند. در اثر این تظاهرات شیشه ها را می شکنند، تایر های موتر ها را آتش می زنند، قصداً و عمداً یک تعمیر را آتش می زنند و غیره.

یک دلیل خشم یک عده در داخل کشور جنگ های داخلی و انتحاری است که مخصوصاً طبقه جوان را مطلق عصبی ساخته

است. بـه اصطـلاح اعصـاب همـه مـردم "شـارت" اسـت و فـوراً جنـگ مـی کننـد. مسـلمان بایـد همیشـه اعصـاب خـودش را کنتـرل کنـد، خشـم خـود را فـرو بـرد و معقـول بیندیشـد. در رابطـه بـه آیـه غضب (آل عمـران ۱۳۴)، رسـول اکـرم (ص) فرمـوده اسـت: "تعلیـم دهیـد و سـهل گیریـد سـخت مگیریـد، گشـاده رویـی کنیـد و خشـونت مکنیـد و چـون یکـی از شـما خشـمگین شـود خامـوش مانـد."

مـن بـار بـار نوشـته ام کـه از نـگاه جامعـه شناسـی اسـلام آمد تـا مـا اول متمـدن شـویم و هـدف مدینـه فاضلـه همیـن بـود. مـا بـا اخـلاق باشـیم زیـرا قـرآن گفـت "و لقـد کرمنـا بنـی آدم" و کرامـت انسـان اخـلاق حمیـده ای اوسـت نـه ثـروت و تحصیـلات عالـی و نـام خانوداگـی و قـوم و نـژاد و مذهـب و زبـان او.

و بلاخـره اسـلام آمـد تـا مـا منحیـث انسـان بـا کرامـت عادل باشـیم و در همـه امـور حـد وسـط را مراعـات کنیـم. هـر مسـلمان بایـد دیگـران را تعلیـم مدنـی دهـد و گوشـزد کنـد کـه قهـر و غضـب نـه تنهـا اخلاقـی نیسـت، مشـکل روانـی شـخص را نشـان میدهنـد. مخصوصاً آنانیکـه دیـن اسـلام را تبلیـغ مـی کننـد بایـد بسـیار محتـاط باشـند. دیـده شـده اسـت کـه بـالای منبـر عصبـی مـی شـوند، چیـغ مـی زننـد، مـردم را تهدیـد مـی کننـد و حتـی فحـشٍ گفتـه انـد. مـن چطـور بـه شـخصی اقتـدا کنـم کـه خـودش اساسـاً عمـده ای روانشناسـی اسـلام را نـه مـی دانـد؟

عزیزان من

اسـلام تنهـا ایـن نیسـت کـه شـما کلمـه بگویید و یـا عبا و قبـا بـه بر کنیـد. وقتـی شـما مسـلمان هسـتید کـه شـما بـا فرهنـگ انسـان سـاز اسـلام زندگـی کنیـد.

جوانـان عزیـز مـی تواننـد کتـاب Principles of Islamic psychology اثـر ایـن نویسـنده را بـه زبـان انگلیسـی مطالعـه کننـد.

جمعه مبارک
نهم اکتوبر ۲۰۲۰

حدیث شماره ۳

جمعه مبارک

سلام عزیزان

عمر است که به گفته ای مردم عام مانند برق سپری می شود و باز نوبت حدیث هفته رسید.

در هفته ای که گذشت یک ملای نادان در افغانستان، چون من همه احادیث که در صحیح بخاری و مسلم برای ما گزارش داده شده است اعتماد ندارم، من را متهم به این کرد که از غرب پول میگیرم و این سخنان را می گویم و می نویسم.

از بوبویم (ما مادر خود را بوبو می گفتیم) آموخته بودم که "گناه نکو از خدا نترس."

وقتی من در سال ۱۹۹۳ به پیشنهاد استاد فضل غنی جان مجددی و دعوت خلیل جان راغب در تلویزیون صدا و سیمای افغانستان در شهر فریمانت، شمال ایالت کالیفورنیا راه یافتم؛ (شاید غنی جان هم پسان پشیمان شده باشد که چرا من را معرفی کرد)، از اول تصمیم گرفتم که خودم باشم و عقاید خودم باشد و دید و بینش خودم از دین اسلام، تاریخ و جامعه ای افغانستانی باشد. نه از إمامان و تاریخ نویسان و آنانیکه برای منافع شخصی خود از قوم و مذهب دفاع میکردند می گفتند و می نوشتند. این موضوع برای من بسیار جنجال خلق کرد. مذهبیون میخواستند من را از تلویزیون اخراج کنند. و من هر روز به چیزیکه باور پیدا کرده بودم مصمم تر می شدم. تهمت ها هر روز زیادتر می شد و این بوجی تهمت ها با من به تلویزیون نور رفت. در آن تلویزیون قوم پرست های پشتون به خاطر اینکه من شدید مخالف قضیه پشتونستان هستم و دیورند یک خواب و خیال است، من را به خیانت ملی متهم کردند و از یما جان یوسفزی تقاضا کردند که من را از تلویزیون نور اخراج کند. از خداوند سپاسگزارم که خلیل جان راغب و یما جان یوسفزی هر دو حیات دارند که شاهد

هستند. اما مـن از موقـف خـود برنگشـتم. موضـوع بسـیار حـاد شـد و تهمـت هـا زیـاد تـر شـد و مـن را نماینـده یهـود گفتنـد و عکـس مـن را همـرای صدراعظـم إسرائیلی در یوتـوب انداختنـد و پسـان آنرا برداشـتند. قـوم پرسـتان و مذهبیـون کـه در افغانسـتان همیشـه دسـت شـان بـا هـم بسـته اسـت نمیدانسـتند کـه از نـگاه روانشناسـی ژورنالیـزم اینهـا مـن را زیـاد تـر مشـهور مـی سـازند. وقتـی از طبقـه مظلـوم شـیعه دفـاع کـردم عکـس مـن را بـا عکـس احسـان الله بیـات رئیـس بنیـاد بیـات در روی بیـرق ایـران نصـب کردنـد و مـا را نماینـده ایـران گفتنـد.

حدیـث امـروز روی تهمـت اسـت. اول بدانیـد کـه از نـگاه روانشناسـی کـی هـا تهمـت مـی کنـد: تهمـت را کسـانی مـی کنـد کـه اول منافـع شـخصی شـان در خطـر اسـت. دوم حسـود هسـتند، سـوم عقـده هـای روحـی و روانـی دارنـد. چهـارم عـزت نفـس پاییـن دارنـد و پنجم چـون از خـود عقـل ندارنـد همیشـه بـه عقـل دیگـران مـی رونـد. اینهـا همـه یـک کمبـودی شـخصیت تنهـا نـی بلکـه اخـلاق اسـت. حضـرت محمـد (ص) فرمـوده اسـت کـه، "پنـج گنـاه اسـت کـه محـو شـدنی نیسـت : شـریک دادن بـرای خـدا، و کشـتن بناحـق و بهتـان زدن بـه مؤمـن و فـرار از جنـگ و قسـم خـوردن ناحـق کـه بوسـیله آن مـال کسـانرا ببرنـد." در حدیـث دیگـر رسـول اکـرم (ص) مـی فرمایـد کـه"هر کـه عیـب جویـی کسـی کـه بـه آن صفـت نیسـت یـاد کنـد خداونـد او را در آتـش جهنـم محبـوس دارد تـا گفتـه خویـش را پـس گیـرد."

عزیـزان، ایـن مـلا هـای نـادان چـون خـود شـان حدیـث ثقـه پیامبـر (ص) را نـه مـی داننـد هـم خـود را در گنـاه مـی کننـد و هـم دیگـران را. هرگـز تهمـت نبنـدید زیـرا تهمـت در اسـلام از نـگاه شـرع حـرام اسـت و تـا شـما را آن کسـیکه تهمـت کـرده ایـد نبخشـاید خداونـد نـه مـی بخشـد.

جمعه مبارک
۱۶ اکتوبر ۲۰۲۰

حدیث شماره ۴

جمعه مبارک

سلام عزیزان

نوبت حدیث هفته رسید. اگر ما هر حدیث را در زندگی خود صادقانه تطبیق کنیم زندگی ما از نگاه فرهنگی و معنوی تغییر فاحش خواهد کرد زیرا حدیث ثقهٔ پیامبر اسلام(ص)فرهنگ دهنده است.

وقتی تاریخ اسلام را می خوانیم از روز های اول پیامبر (ص) به صدقه دادن مردم را تشویق میکرد. یکی از دلایل عمده ای آمدن اسلام در جهان بشریت تنها مسله شرک نبود با اینکه از نگاه فلسفه توحید شرک زیر بنای همه بدبختی های دیگر سیاسی، اقتصادی و اجتماعی است؛ در کنار آن افراط و تفریط، استثمار طبقه مظلوم و ناتوان بود. از همین سبب در شروع روی صدقه و کمک به بیچاره و ناتوان تاکید زیاد شد. برای مطالعات این موضوع لطفاً به کتاب Muhammad A Biography of the Prophet By Karen Armstrong مراجعه کنید.

شرایط ناگوار افغانستان و افغانستانی ها ایجاب می کند که ما هر چه توان داریم کمک کنیم. همین روزگار افغانستان باعث شد تا حدیث هفته را صدقه انتخاب کنیم. نه تنها که زکات از پنج بنای مسلمانی در اساس اعتقاد اسلامی شد، اقتصاد اسلامی در جهان امروز از نگاه مطالعات اقتصادی یک حد وسط است بین سوسیالیزم و کاپیتالیزم. برای مطالعات این موضوع لطفاً به کتاب جدید من زیر عنوان دموکراسی اسلامی رجوع کنید. در رابطه به صدقه رسول اکرم (ص) فرموده است که:

" صدقه عمر مرد مسلمان را فزونی دهد و از مرگ بد جلوگیری کند و به وسیله آن الله تعالی تفاخر و تکبر را از بین میبرد." حدیث شماره ۱۸۳۳ نهج الفصاحه: مجموعه کلمات قصار حضرت رسول

اکرم(ص) با ترجمه فارسی بانضمام فهرست موضوعی از ابوالقاسم پاینده دیده می شود که با دادن صدقه ما نه تنها عمر خود را طولانی می کنیم از مرگ بد جلوگیری صورت میگیرد و همچنان از یکی از صفات بسیار بد انسانی که کبر و غرور و خودخواهی است نجات پیدا می کنیم.

عزیران من ! فکر نکنید که طور مثال ده دالر چه است که شما به کسی بفرستید. صدقه یک دالر هم باشد اجر بزرگ دارد. لذا درین شرایط بد اقتصادی دست فراخ داشته باشید. خواهش که من دارم و این در متن دین ماست که با صدقه دادن خود نمائی مکنید. به کسی نگویید که کی را کمک کردید. یاد مکنید اگر می خواهید که زیاد ترین اجر و ثواب را صاحب شوید.

جمعه مبارک
۶ نوامبر ۲۰۲۰

حدیث شماره ۵

جمعه مبارک

سلام عزیزان

باز پنجشنه شب آمد و نوبت حدیث هفته.

یک دلیل که من احادیث موثق پیامبر اسلام را به شما نقل قول می کنم به خاطر اهمیت فرهنگی حدیث است. بارها گفته ام که قرآن کتاب هدایت و حکمت است و اما قرآن فرهنگ دهنده نیست. یک دلیل که مسلمانان امروز بسیار مشکل دارند برای این است که مسلمان هستند بدون فرهنگ اسلامی، بدون اندیشه و تفکر اسلامی، بدون هدف و مرام اسلامی و بلاخره بدون یک اجندای کاری اسلامی. و این جگر خون کننده است زیرا اسلام آمد تا ما یک فرهنگ مدنی، اخلاقی و عدلی داشته باشیم و متأسفانه امروز فرهنگ ما بین فرهنگ قومی و قبائلی افغانستانی، فرهنگ غربی و با یک روپوش اسلامی مانند نقل بادامی کمبار کابلی ساخته شده است که در نتیجه نه افغانستانی درست هستیم و نه غربی و نه اسلامی اصولی. فرهنگ ما در زیر همه قومی و قبائلی است و این فرهنگ با دریشی و نکتایی غربی آمیخته شده و بعد یک ریشک قشنگ و تسبیح به دست اسلامی! یعنی ذهنیت ما قومی و قبائلی است و یک دریشی پوشیده ایم که مدرن معلوم شویم و ریش و تسبیح هم به آن علاوه کردیم. این شد فرهنگ ما! این حالت یک مشکل بزرگ را خلق کرده است که ما را فاقد یک اندیشه سالم ساخته است و ما در یک خلای فرهنگی قرار گرفته ایم. این خلای فرهنگی، بعضی را به تعصب کشانده است و بعضی را به بی بند و باری و بعضی را به شمول تحصیل یافتگان به سردرگمی فکری زیرا او هم بیچاره شده است و نه می داند چه می کند و چه می گوید زیرا گفتار ها هر قدر علمی باشند و تاریخی باشند باید یک نتیجه داشته باشد که بعد ازین همه سخن چه باید کرد. خلای فرهنگی باعث پسمانی و تقلید می شود زیرا ما از خود یک اندیشه نداریم. چنانچه یکی از دوستان را دیدم که سر تا پا سیاه پوشیده بود. سوال کردم که رنگ سیاه را زیاد دوست

داری گفت نه به مراسم جنازه می روم. مگر در فرهنگ ما باید در مراسم جنازه سیاه بپوشیم؟ گفت: همه می پوشند. متوجه شدم که این برادرم غرق تقلید است زیرا اندیشه از خود ندارد و نه می داند که در فرهنگ اسلام برای جنازه رنگ سیاه نیست و سفید هم که طالبان می پوشند هم نیست و یک فرهنگ عربی است که نسبت گرمی هوا سفید می پوشند زیرا حرارت را دفع می کند.

بعد ازین مقدمه فرهنگی، شهادت جوانان دانشگاه کابل توسط طالبان (با اینکه اعتراف نکردند) و اما ما می دانیم برای اینکه در جامعه بین المللی بی آبرو نشوند اعتراف نه می کنند و شهادت یما سیاوش در هفته که گذشت به ما یک واقعیت را می گوید که طالبان، داعش و غیره چقدر از اسلام به دور هستند چنانچه یک عده زیاد طبقه تحصیل کرده از اسلام به دور است به تفاوت اینکه طالب آدم می کشد و تحصیل کرده نمی کشد و اما وجه مشترک شان عدم داشتن فرهنگ اسلامی است. این را به خاطر می گویم که قشر تحصیل یافته اجندای کاری اسلامی برای یک کشور مسلمان ندارد. نه از نگاه سیاسی، نه اقتصادی و نه اجتماعی. در مورد قتل و شهادت مردمان بیگناه سه حدیث پیامبر اسلام را به شما نقل قول می کنم.

رسول اکرم (ص) می فرماید که "نخستین بار روز رستاخیز میان مردم در باره خونها داد رسی میکنند." یک حدیث دیگر از پیامبر خدا به ما رسیده است که می گوید: "خداوند سه بار خواهش من را در باره بخشش کسی که مؤمنی را کشته است رد کرد." و می گوید: "قتل نفس از گناهان کبیره است."

با تأسف می بینیم که طالبان که ادعای دولت اسلامی دارند چقدر از اسلام به دور هستند. و هر روز مردمان و جوانان بیگناه را می کشند. و شاید کسانی این قتل ها را می کنند که از آزادی بیان و قلم می ترسند که طالبان هم شامل همین گروه هستند. خون ناحق جواب دادن دارد و روزی همه چیز آشکار خواهد شد.

جمعه مبارک
۱۳ نوامبر ۲۰۲۰

حدیث شماره ۶

جمعه مبارک

سلام عزیزان

باز نوبت حدیث هفته رسید. من عاشق احادیث ثقه که مطابقت به قرآن دارد هستم زیرا اگر در زندگی ما تطبیق شود هشتاد درجه زندگی اخلاقی و مدنی ما را تغییر میدهد. و بار بار گفته ام و نوشته ام یک دلیل که مسلمانان فرهنگ مدنی ندارند برای این است که از اسوه بشریت حضرت محمد (ص) نیاموخته اند. همه ضد و نقیض ها، حسادت ها، دو و دشنام، خود خواهی ها، کبر و غرور، بی احترامی به بزرگان و استادان، بحث های بیمورد و بدون علم در موضوع، زن ستیزی و قوم پرستی و لجاجت و بی تفاوتی، پیخ زدن بالای اعضای خانواده و مردم، حقوق مردم را پایمال کردن. خود را از دیگران بلند دانستن و به نام پدر و جد فخر کردن و هر ناشایست را که شما می شناسید و می دانید برای این است که مردم فرهنگ انسان ساز اسلام را ندارند که منشاء این فرهنگ همانا شخص حضرت رسول کریم (ص) است و بس. مایکل هارت Micheal Hart مؤلف کتاب، The 100: A Ranking of the Most Influential Persons in History، ۱۹۹۲ محمد (ص) پیشوای اسلام را شخص شماره اول و از پر نفوذ ترین شخصیت تاریخ بشر قلمداد کرده است. هارت مسلمان نبود و یک محقق بود. این تنها به خاطر این نیست که محمد (ص) قرآن را که نازل شد به جامعه بشری پیشکش کرد بلکه شخصیت والای پیامبر اسلام است که بی سابقه درخشید و قرآن او را نمونه زندگی و رحمت للعالمین گفته است. اما ما متأسفانه زن و مرد به خاطر خودخواهی ها و نادانی ازین مثال کرامت و اخلاق نه می آموزیم و فکر می کنیم که قرآن کافی است در حالیکه قرآن آورنده قرآن هم محمد (ص) است.

سال ۱۹۹۲ بود که در مسجد شهر کانکورد در شمال کلیفورنیا بین

طرفداران آقای حکمتیار و طرفداران مرحوم پادشاه سابق گفتگو شد و اینها همدیگر را پوچ و ناسزا می گفتند و من بسیار تعجب کردم زیرا دودشنام و توهین و اهانت نباید کار یک مسلمان باشد. همانجا من متوجه شدم که حتی آنهایکه ادعای اسلامیت می کنند فرهنگ اسلامی ندارند زیرا مسلمان یک شخص را مسلمان باشد یا نباشد توهین نه می کند زیرا پیشوای اسلام فرموده است که، "مؤمن آن است که مردم از دست و زبانش در امان باشد." من دست به کار شدم و احادیث ریاض الصالحین را که در آن زمان در دو جلد بود در یک جلد به نام منتخبات ریاض الصالحین به چاپ رساندم و این سال ۱۹۹۳ میلادی بود. افغانستانی ها ازین مجموعه بسیار استقبال کردند و سه بار خودشان آنرا دوباره چاپ کردند.

بلی! حدیث انسان ساز و جامعه ساز است وحدیث این هفته، هم به شخص ثواب می رساند و هم اجتماع. حدیث چنین است:

" همه اعمال خیر یک نیمه عبادت است و دعا نیم دیگر و چون خداوند برای بنده ای خیر خواهد قلب او را بدعا متمایل می کند."

بلی عزیزان وقتی ما عمل خیر انجام میدهیم مثلاً در نظافت شهر می کوشیم، یک بیسواد را باسواد می سازیم، و چیزیکه آموختیم به دیگران می آموزانیم، عقاید مردم را احترام می کنیم، کسی را به کفر محکوم نه می کنیم، در صدد آموختن هستیم و هر کار نیک همه عبادت است. عبادت تنها نماز خواندن نیست که اکثراً فکر می کنند. هر کار نیک که خدا و رسول سفارش کرده و شما می کنید عبادت است. هر کار نیک چه خوب است با دعا همراهی شود و این توکل را نشان میدهد که سر انجام همه امور بالآخره به دست پروردگار است که او کار ساز واقعی است و کوشش و سعی و تلاش آدمی را بی جواب نه می ماند. یعنی سعی و تلاش و عمل نیک ما وقتی با دعا باشد آنجاست که ما به زندگی دنیایی خود معنویت بخشیده ایم.

جمعه مبارک
۲۰ نوامبر ۲۰۲۰

حدیث شماره ۷

جمعه مبارک

سلام عزیزان

سلام عزیزان که متعهد به ارشادات رسول اکرم (ص) هستید و آن شخصیت بزرگوار را الگوی زندگی برای انسانیت و عزت و کرامت انسانی در زندگی خود ساخته اید و مردانه وار، زن و مرد از پیشوای اسلام دفاع می کنید و عالمانه از دین و روش زندگی اسلامی خود دفاع می کنید. هرگز از چند تن بی دین و بی ایمان و آنانیکه نقش پیشوای اسلام را در زندگی ما نادیده میگیرند و به دول کفار و مشرکین و ضد اسلام درین دنیای پرآشوپ که طالب و داعش و غیره گروه های ارتجاعی که به اسلام عزیز نام بد کمایی کرده اند، می رقصند، اهمیت ندهید. جزیی ترین اهمیت به این سخنان جاهلانه که ما اول افغانستانی هستیم و اول باید انسان باشیم ندهید. این سخنان را کسانی می زنند که میخواهند اسلام را تخریب کنند. این سخنان مردم قومی و قبائلی است که اول قوم و ملیت شان مهمتر است نه اسلام. اسلام برای شان اهمیت داشته باشد هرگز این سخنان را نه می زنند. پس بیدار باشید. خداوند ناظر اعمال و گفتار ماست و ما و شما تنها نیستیم. خداوند با ما و شماست و وعده او حق است.

امروز پنجشنه ۲۶ نوامبر، ۲۰۲۰ روز شکران در آمریکا بود. خواه مخواه ما منحیث مسلمان هر روز باید شاکر باشیم و از نعمت های خداوند شکر گزار باشیم. روز شکران در آمریکا موافق با فرهنگ اسلامی ماست و اما یک نکته جالب در دین ماست که باید در مورد شکر کردن بدانیم.

قرآن مجید با الله آغاز می شود و با الناس یعنی مردم ختم می شود. معنی این رابطه خدا به مردم است یعنی هر قدر شما به مردم برسید همانقدر به خدا رسیده اید. حدیث این هفته را در رابطه به شکرگزاری از مردم انتخاب کردیم. حدیث پیشوای اسلام

حضـرت محمـد (ص) کـه قـرآن مجیـد او را الگـوی انسـانیت خوانـده است و رحمـت للعالمیـن خطـاب مـی کنـد و امـروز از غـرب زدگـی زیـاد انـکار میکننـد، چنیـن اسـت :

" سپاسـگزارتر از همـه مـردم کسـی اسـت کـه سپاس مـردم را بیشـتر مـی گـذارد."

بلـی عزیـزان! دیـن مـا دیـن بـرادری و عشـق و محبـت اسـت. هـر کـس حتـی بـه اصطـلاح سـر سـوزن بـه شـما کاری انجـام میدهـد بایـد سپاسـگزار باشـید. حدیـث دیگـر آن بزرگـوار انسـانیت و کرامـت ایـن اسـت: "ایمـان دو نیمـه اسـت. نیمـی صبـر و نیمـی شـکر."

بلی عزیزان!

بزرگتریـن شـکر همیـن اسـت کـه مـا شـکر کنیـم کـه الحمدالله مسـلمان هسـتیم. زندگـی مـا بـا هـدف قـرآن و ارشـادات پیشـوای اسـلام پیونـد نـا گسسـتنی دارد. هـر گاه مـا خـدا و پیامبـر را فرامـوش کنیـم و شـکر گـزار نباشـیم زوال مـا آمدنـی اسـت.

جمعه مبارک
۲۷ نوامبر ۲۰۲۰

حدیث شماره ۸

جمعه مبارک

سلام عزیزان

حدیث شکر گزاری در هفته گذشته بسیار استقبال شد و این هفته هم به یک حدیث رسول اکرم (ص) در مورد شکر گزاری می پردازیم تا باشد که فرهنگ اسلامی و ادب اسلامی خود را تقویه کرده باشیم.

با اینکه نماز خواندن در اسلام فرض است و هر مسلمان متعهد به اسلام باید پنج وقت نماز ادا کند و اما وقتی اصول عبادت را دقیق مطالعه می کنیم می بینیم که در کنار نماز، بزرگترین عبادت شکر کردن است. شما نماز را برای خود می خوانید تا روح و روان شما همیشه با توازن باشد. یک دلیل علمی نماز خواندن همین است که نماز روح و جسم آدمی همنوایی داشته باشد. اما شکر در همه موارد تنها برای خداست. شکر کردن در همه چیز که خداوند به ما داده است. یکی از شکر گزاری های بسیار مهم و حیاتی شکر کردن بعد از صرف غذا است که متأسفانه اکثراً فراموش می شود. ما باید از رزق که خداوند به ما داده شکر گزار باشیم. درین روزهای عید کرسمس در تلویزیون ها می بینیم که موسسات خیریه در آمریکا برای فقرای آمریکایی غذا تهیه می کنند و اما ما در خانه خود فراموش می کنیم برای غذای که خداوند به ما از رحمت بیکران خود ارزانی داشته شکر کنیم و این گناه بزرگ است. این وظیفه ریس خانواده می باشد تا سر سفره دعای سفره را بخواند و اگر پدر که رئیس است حضور ندارد مادر باید دعای سفره را بعد از صرف غذا بخواند و جوانان تشویق شوند تا دعای سفره را بیاموزند و تا دعا نکرده اند سفره را ترک نکنند تا برکت زیادتر شود. دو یا سه متن دعای بعد از غذا در دسترس ما قرار دارد. من همان را برای شما انتخاب کرده ام که ترمذی روایت کرده است و برای از یاد کردن آسان تر است.

این است دعای بعد از صرف غذا که رسول خدا می خواند:

"الحمدالله الذی أطعمنا و سقانا و جعلنا من المسلمین."

یعنی: الهی شکر که به ما طعام دادی و آب دادی و ما را مسلمان بار آوردی.

عزیزان! منحیث یک مسلمان با فرهنگ هرگز دعای سفره را فراموش نکنید و کوشش کنید تا دعای فوق را از یاد داشته باشید. رسول اکرم (ص) فرموده است که دعا مغز عبادت است پس هر قدر می توانید دعا بیاموزید زیرا برکت در دعاست.

جمعه مبارک
۴ دسامبر ۲۰۲۰

حدیث شماره ۹

جمعه مبارک

سلام عزیزان

زندگی ما به اصطلاح عامیانه مثل برق سپری میشود. باز نوبت حدیث هفته رسید.

در سه شنبه هشتم دسامبر ۲۰۲۰ که گذشت من کتاب شهید خان محمدخان مرستیال را که دختر نازنین مرحومی، پروین جان امینی مرستیال تألیف کرده و خاطرات پدر مرحومش را که بیگناه او را داود خان شهید کرد، نگاشته است، از آلمان به من فرستاده بود؛ در برنامه تلویزیون آریانا افغانستان معرفی کردم. خواه مخواه من دید و بینش خود را از تاریخ افغانستان دارم زیرا تاریخ از علوم انسانی است و هر کس حق دارد تا تحلیل و تفسیر خود را داشته باشد. مرحوم سردار داود مرتکب اشتباهات زیاد در تاریخ شد و مهمترین آن شکنجه و آزار و توهین و اهانت یک عده وطن پرستان به شمول مرحوم میوند وال و خان محمد خان مرستیال و دیگران بود که رژیم داودی را به یک رژیم جنایتکار تبدیل کرد. به دلایل مختلف سردار داود طرفداران خود را دارد و اما قتل قتال و شکنجه و إعدام ناجوامرادنه وطن پرستان بیگناه به هیچ صورت توجیه نمیشود. چون من نه در حزب غورزنگ سلی داود خان بودم، نه محمد زایی هستم، نه طرفدار داعیه نامهناد پشتونستان هستم که داود خان تنور آنرا در دوران صدارت بسیار داغ کرده بود، من به هیچ صورت نه می توانم واقعیت های تاریخ را به خاطر محافظه کاری پنهان کنم. مخصوصاً که شریعت اسلام می گوید که حق را بگویید و از باطل جلوگیری کنید. همچنان در شریعت کسی که شریک جرم است مجرم شمرده می شود. کسانی که از داود خان دفاع می کنند یا تاریخ آن دوره را نمیدانند یا در یکی از کتگوری های که ذکر کردم شامل هستند. به هر حال بعد از برنامه تعداد زیاد مردم به من زنگ زدند که واقعاً واقعیت ها گفته شد و

سخنان من سخت در دل مردم جا گرفته بود به جز از یک نفر که او یک وقت از آقای سیرت که نکاح چهار ساله را روا دانسته بود دفاع میکرد و حالا از داود خان! در رابطه به این موضوع که سخن که از دل گفته شود به دل می نشیند حدیث رسول کریم را به شما نقل می کنم. حضرت رسول اکرم (ص) فرموده است که، "آنکه صاحب سخن حق است، گفتاری مؤثر دارد." (حدیث شماره ۸۸۴، نهج الفصاحه)

تاریخ، علوم سیاسی، دین، ژورنالیزم، موسیقی و ادبیات از علوم انسانی یا Humanities می باشد و هر کس طرز و دید و بینش خود را ازین علوم دارد و قابل احترام است و اما کشتار مردم مسلمان شکنجه و آزار مردم به نام اینکه یک شخص به قدرت ماند مثلیکه احمدشاه ابدالی حتی خواهر زاده خود را به قتل رساند و یا کثافت کاری های که نادر خان کرد و کشتار که کمونیستان کردند و یا امروز طالبان مزدور میکنند به هیچ صورت توجیه نمیشود. چرا سخنان من موثر بود برای اینکه نظر به حدیث پیامبر کریم (ص) من با خود تعهد کرده ام که به جز حق برای مردم چیزی نگویم و هرگز من افکار خود را مصالحه نه می کنم حتی که کشته شوم زیرا من نه برای مقام کار می کنم و نه برای یک قوم و نه برای یک حزب مانند غورزنگ ملی.

جمعه مبارک
۱۱ دسامبر ۲۰۲۰

حدیث شماره ۱۰

جمعه مبارک

سلام عزیزان

اسلام نظام طبقات اجتماعی را محکوم می کند، چنانچه در اروپا ارستو کراسی رواج داشت. یا در روم قدیم قشر پایین جامعه حق رأی را در سنای روم نداشتند. در آمریکای امروز کسی که پول دارد مهم تر شمرده می شود. اما وقتی شما در مسجد داخل می شوید، می بینید که درین نظام شاه و گدا ندارد و همه در یک صف در نماز می ایستند. هر کس اول داخل مسجد شود ثروتمند باشد یا مستمند باشد در صف اول می ایستد. متأسفانه مادی پرستی غرب و نظام سرمایه داری در افغانستان احساس انسانی مردم را زیر شعاع قرار داده است و فقرا از دیده افتیده است. جالب اینکه حتی آنانیکه زیر عنوان جمهوری اسلامی خدمت می کنند فقرا را نادیده گرفته اند و خود شان با تجمل زندگی میکنند. ثروت داشتن بسیار خوب است، وقتیکه ما دست درمانده و فقیر و بیچاره را چه به شکل فردی و یا خانوادگی و بلاخره ملی باشد نگیریم، ثروت ما در آخرت بلای جان ما خواهد شد. امروز در دعوت ها هر که را می بینید ثروتمند و قدرتمند و سرشناس است نه مردم از دیده افتیده و این گناه است و از نگاه جامعه شناسی اقتصادی اسلامی جرم شمرده می شود وقتی ما فقرا و مردم بی بضاعت را نادیده می گیریم.

حدیث رسول اکرم (ص) را به شما عزیزان نقل قول می کنم که فرموده است: "چه بد است غذای عروسی که ثروتمندان از آن بخورند و فقیران از آن محروم اند."

بهترین زندگی آن است که ما اول به آنانی رسیدگی کنیم که محتاج هستند. آنانیکه واقعاً به خدا نزدیک هستند. آنانیکه ما را به خدا نزدیک می کنند. خدا وقتی ما را دوست دارد که ما از فرعون و قارون دوری کنیم و به مقربان دربار خدا خود را نزدیک سازیم.

جمعه مبارک
۱۸ دسامبر ۲۰۲۰

حدیث شماره ۱۱

جمعه مبارک

سلام عزیزان

رهبـران کلیسـا در قـرون وسطی زندگـی را بـالای مـردم بسیار سخت ساخته بودند. همـه اعمـال و حـرکات و گفتـار و کـردار مـردم را کلیسا کنتـرل میکـرد و ایـن باعـث انقلاب بـر علیـه کلیسا شـد کـه ایـن انقـلاب نـه تنهـا باعـث شد تـا رنسانس بـه وجـود بیایـد بلکـه مـردم بـر علیـه دیـن در اروپـا قـد اعلـم کردنـد. پسـان، نیچـه فیلسوف آلمانی آمـد و گفـت کـه خـدا مـرده است و کارل مارکس آمـد و گفـت کـه دیـن تریـاک جامعـه است. ایـن گفتار هـا همـه بـر علیـه عیسویت بود. در اثر غـرب زدگـی یا Westruckness مسلمان کـرد کـه اسلام ماننـد عیسـویت اسـت و یـک عـده مسـلمانان هـم از دیـن برآمدنـد و بـه مارکسـیزم و غـرب زدگـی پنـاه بردنـد و عالـم دیـن اسـلام بـه جـای اینکـه دیـن محمـد (ص) را کـه مخالـف کنتـرل، سخت گیـری و دهشـت و وحشـت بـود معرفـی کنـد، مـردم را بـه کفر گرفتـن گرفت در حالیکـه در اسـلام، نظـر بـه آیـات قـرآن، نـه دیـن تحمیل میشـود و نـه در دیـن سخت گیـری اسـت زیـرا از دیـد اسـلام، انسـان آزاد خلـق شـده اسـت و خـودش بایـد بـرای خـود تصمیـم بگیـرد زیـرا دیـن یـک موضـوع دل، عقـل و تفکر اسـت و تـا خـود انسـان خـودش را نشناسـد و خـدا را در قلـب خـود پیـدا نکنـد کسـی نـه مـی توانـد او را مسلمان سـازد. و اویکـه مسـلمان اسـت هـم نـه مـی تـوان دیـن را بـالای او تحمیـل کـرد مشـروط بـر اینکـه قانـون مدنـی کشـور بعضـی مسائل قـرآنـی را در جامعـه اسـلامی بـه شـکل قانـون مدنـی پیشکـش مـردم کنـد و مـردم آنـرا مراعـات کننـد. در غیر آن مـردم آزاد مطلـق هستنـد و اگـر مسلمان هستنـد و دیـن در زندگـی شـان نیسـت موضـوع شخصی خـود شـان اسـت و مـردم حـق ندارنـد ایشـان را بـه کفـر بگیرند. اینکـه در عربسـتان سـعودی و ایـران دیـن بـالای مـردم تحمیـل مـی شـود خـلاف اسـاس قـرآن و ارشـادات حضـرت رسـول کریـم (ص) اسـت.

کار دولـت اسلامی تحمیـل دیـن بـالای مـردم نیسـت. وظیفـه دولت اسلامی از دیـد قـرآن، تأمیـن امنیـت سرتاسـری، بـراه انداختـن اقتصاد قـوی و آمـوزش و پـرورش مـردم است و بـس. مـردم خودشـان بایـد از طریـق آمـوزش و پـرورش یـا Education دیـن را بـه تثبـث خـود قبول کننـد نـه اینکـه مـردم بـرده دولـت شـود و دیـن بـالای شـان تحمیـل شـود.

حدیـث ایـن هفتـه را در مـورد زور و سـخت گیـری بـه شـما انتخـاب کردیـم. حضـرت رسـول کریـم (ص) فرمـوده است کـه ”در امـور دیـن آسـان بگیریـد، و سـختگیر نباشـید، مـژده دهیـد و بیـزار نکنیـد.“ (مأخـذ بخـاری)

بلـی عزیـزان طالبـان دیـن را ماننـد اروپـای قـرون وسـطی عمـل مـی کننـد و چنـد تـن وهابـی نـادان و شـیعه نـادان فکـر میکننـد کـه بـرای اینکـه جامعـه از فسـاد پـاک باشـد دیـن بایـد تحمیـل شـود در حالیکـه چنیـن نیسـت و اخـلاق خصوصـی مـردم قانـون گـزاری نمیشـود تـا خـود شـخص، خـودش بـا اخـلاق نباشـد.

دیـن اسـلام، دیـن اخـلاق، پیشـامد نیکـو و عشـق و محبـت اسـت نـه وحشـت و دهشـت کـه امـروز طالبـان در افغانسـتان بـه وجـود آورده انـد. بـرای مطالعـات غـرب زدگـی لطفـاً بـه کتـاب غـرب زدگـی اثـر بـی همتـای نویسـنده نامـدار ایـران جـلال آل احمـد مراجعـه کنیـد. ایـن کتـاب بـه زبـان انگلیسـی زیـر عنـوان Westruckness بـه زبـان انگلیسـی ترجمـه شـده اسـت و در آمـازون بـه دسـترس علاقمنـدان کتـاب اسـت. همچنـان بـرای اهـداف دولـت اسـلامی، دموکراسـی و اسـلام بـه کتـاب ایـن نویسـنده زیـر عنـوان

Islamic Democracy: Road Map to Peace in the Middle East رجوع کنید.

جمعه مبارک
۲۵ دسامبر ۲۰۲۰

حدیث شماره ۱۲

جمعه مبارک و سال نو میلادی مبارک

سلام عزیزان

یکـی دو روز پیـش کـه در بـاره کرسمس نوشتم و پیشنهاد مـن ایـن بـود کـه اگـر مسلمانان بـه عیسیویان تبریـک مـی گوینـد بـه ایمان شـان صدمـه وارد نـه مـی کنـد. مـن نگفتـم کـه مسلمانان تجلیل کننـد. گفتـم کـه بـرای زیسـت باهمـی و صلـح بـرای مـردم جهان مـا بایـد همـه ادیـان را احتـرام کنیـم. آنهـا خودشـان مسؤل دیانـت خـود هسـتند نـه مـا. بعضـی حساسیت هـا را خوانـدم کـه یـک عـده بـدون ارایـه یـک صریـح قـرآن و یـا حدیث پیامبـر (ص) خواسـتند کـه تفکـر متحجـر خـود را توجیـه کننـد و امـا نـاکام ماندنـد.

یـک نکتـه جالـب در دیـن شناسـی اسلامـی ایـن اسـت کـه یگانـه مرجع استدلال، فرهنـگ اسـلام و قانـون مدنـی اسـلام اول قـرآن مجیـد و دوم احادیـث پیامبـر اسـلام اسـت کـه مطابقـت بـه قـرآن داشـته باشـد و بـس. هـر چـه هـر کـس دیگـر گفتـه از شکـم خـود گفتـه اسـت و قابـل قبـول نیسـت. مخصوصاً کـه مـا امـروز در جامعـه بیـن المللـی زندگـی مـی کنیـم و احکام نظـر بـه شـرایط زندگـی تغییـر میخـورد.

در رابطـه اینکـه امـروز مـا در خـارج قلمـرو اسلامـی زندگـی مـی کنیـم و نـه تنهـا زندگـی کـردن مجـاز اسـت، زیـرا در دیـن ناسیونالیزم نیسـت کـه مسـلمان در یـک قطعـه زمیـن خـودش را مقیـد سـازد، شـرایط زندگانـی تفـاوت دارد و روابـط مـا بـا مـردم جهـان بایـد بـه اسـاس احتـرام متقابـل باشـد نـه اینکـه مـا دیـن آنهـا را توهیـن کنیـم و یـا روابـط اجتماعـی خـود را محـدود بسـازیم بـه خاطـر کـه تفکـر دینـی شـان ماننـد مـا نیسـت.

حدیـث هفتـه را در رابطـه بـه همیـن موضـوع بـرای شـما انتخـاب کـردم. حضـرت رسـول کریـم (ص) فرمـوده اسـت: "زمیـن، زمیـن خداسـت و بنـدگان، بنـدگان خداینـد؛ هـر جـا کـه نیکـی بـه تـو رسـید، اقامت

گیر."

در حدیث بالا دو نکته جالب است اول اینکه بندگان، بندگان خدایند. درین جا می بینیم که پیامبر (ص) بندگان خدا را همه را به دیده احترام می نگرد اینکه "همه بندگان خدایند،" تعصب نشان نداده است. نکته دوم هر جا که به تو نیکی رسد همانجا اقامت کن. حالا وقتی ما در یک کشور غیر مسلمان زندگی می کنیم ما باید چنان خود را معرفی کنیم که اینها به دین ما احترام کنند. اینها باید بدانند که مسلمانان تعصب ندارند. مسلمانان راستین مردم با اخلاق، مدنی، مسالمت آمیز و صلح جو هستند. چنانچه روزگاری مسلمانان در اسپانیه پنصد سال با یهود و نصاری بطور مسالمت آمیز زندگی کردند. اما امروز به ما چه می گویند که اگر تو به یک عیسوی تبریکی می گویی عمل کفر آمیز را مرتکب شدی. استغفر الله!

وظیفه یک مهاجر در عالم هجرت تنها دوری از آن چیز های است که خدا منع کرده است. درین مورد رسول کریم (ص) فرموده است: "مهاجر آنست که از هر چه خدا منع کرده دوری کند." مرجع: احادیث نهج الفصاحه، مجموعه کلمات قصار حضرت رسول اکرم (ص)

عزیزان من، امروز که شما درین دیار بیگانه زندگی می کنید باید قسمی زندگی کنید که بهترین انتباه را از شخصیت اسلامی شما مردم بگیرند. همکار خوب باشید. کرسمس و سال نو را تبریک بگوید. همیشه زنان را احترام کنید. به همسایه خود احترام کنید. چالش ما این است که چیزیکه این مردم در رسانه ها می بینند که اسلام تنها از دید طالبان نادان و داعش نادان معرفی می کنند ما باید با اعمال خود ثابت کنیم که نخیر اسلام یعنی دین عشق و محبت و همکاری و دوستی بین همه مردم جهان است، مسلمان و غیر مسلمان.

جمعه مبارک و سال نو میلادی مبارک
اول جنوری ۲۰۲۱

حدیث شماره ۱۳

جمعه مبارک

سلام عزیزان مؤمن و متعهد به اسلام

ششم جنوری یک روز سیاه در تاریخ ایالات متحده آمریکا ثبت شد وقتی یک عده مردم نادان و خلاف موازین رأی مردمی و عدالت از خشونت کار گرفتند و به طرفداری رئیس جمهور که انتخابات را باخته است به تالار کانگرس حمله کردند. کانگرس در آمریکا مهمترین مرکز سیاسی و نقش سرنوشت ساز از نگاه سیاسی این کشور دارد. گفته می شود که این حمله از طرف رئیس جمهور ترمپ تشویق شده بود. در تاریخ آمریکا بی سابقه بود. با اینکه دو هفته از ریاست جمهوری ترمپ باقی مانده، رئیس کانگرس، بانو نانسی پلوسی، هفتم جنوری خواستار خلع رئیس جمهور شد.

عزیزان

چه رئیس یک خانواده باشد که خانواده از دید اسلام واحد کوچک اجتماع است و چه رئیس دولت باشد، یک مسؤلیت بزرگ اخلاقی است. متأسفانه در نظام دموکراسی غربی مسله أهلیت و کفایت و لیاقت برای ریاست و رهبری مطرح نیست و هر کس می تواند خود را به ریاست کاندید کند. و اگر توانست که مردم را با سخنان چرب و نرم مغز شویی کند برنده می شود. اخلاق، شخصیت سالم، پشتاره موزون برای رهبری قطعاً مطرح نیست. در کشور های مسلمان هم چون زیر تاثیر کشور های غربی هستند و یا اگر نیستند به اساس قوم و قبیله حکومت داری میکنند که دموکراسی را بد نام و بی ناموس ساخته است.

درین مورد سه حدیث از پیشوای اسلام حضرت محمد (ص) برای شما انتخاب کرده ام که در شرایط امروز بسیار آموزنده است. رسول اکرم (ص) می فرماید: "هر کس با زیر دستان خود به

نیرنگ رفتار کند اهل جهنم است." رئیس جمهور یک کشور از دید اسلام حیثت یک بزرگ را دارد که باید همه به او احترام داشته باشند و اطاعت کنند. درین کشور تعصبات نژادی و مذهبی به ضد مسلمانان و اقلیت ها و مهاجرین شدید دامن زده شد. در کشور ما رئیس دولت به قوم گرایی و قوم پرستی و بی عدالتی محکوم است. رهبر باید عادل باشد و خردمند که متأسفانه امروز تقریباً دیده نمیشود. رهبر خردمند، قوم پرست و تبعیض گرانه می باشد. رهبر خردمند تواضع میداشته باشد. رهبر خردمند اول هر چیز خوب را به ملت میخواهد و اما در جهان امروز همه چیز برعکس است. رسول اکرم (ص) می فرماید: "از خردمند رهبری جویید تا براه راست برسید و وی را نافرمانی نکنید که پشیمان شوید." در حدیث دیگر رسول اکرم (ص) می فرماید: "هر که زمامدار مردم شود و ستم نکند و با آنها سخن کند و دروغ نگوید و عده کند و تخلف نکند وی از جمله کسانی است که مروتش به کمال رسیده است و عدالت اش نمایان گشته و برادری با او واجب و غیبت اش حرام است."

امروز وقتی ما این همه بی عدالتی را در جامعه خود می بینیم به خاطر این است که رئیس دولت نه خردمند است و نه عادل. مردم در افغانستان از فقر، بی امنیتی و بی عدالتی به فغان رسیده اند. حکام عادل مسلمان و نا مسلمان ندارد. در هر کشور بودن و هستند رهبران که واقعاً عادل بودند و هستند رهبران که نه خرد دارند و نه عدالت. زوال یک جامعه به خاطر نداشتن رهبر سالم و عادل است چه جامعه مسلمان باشد و چه نباشد.

جمعه مبارک
جمعه هشتم جنوری ۲۰۲۱

حدیث شماره ۱۴

جمعه مبارک

سلام عزیزان

روز دوشنبه هژدهم ماه جنوری ۲۰۲۱ روز یادوبود دکتر مارترلوترکینگ فقید رهبر سیاه پوستان آمریکاست که در مبارزات آزادیخواهی برای حقوق مساوی جانش را به تاریخ چهارم اپریل ۱۹۶۸ از دست داد و به قتل رسید.

زیاد تر از نیم قرن از قتل داکتر کینگ گذشت و اما نژاد پرستی هنوز هم در بین طبقه جاهل دوام دارد به شمول یک عده زیاد مردمان افغانستان که شدید قوم پرست هستند. قوم پرستی و نژاد پرستی انتی تز مدنیت گرایی است. قوم گرا و نژاد پرست چه آمریکایی باشد و چه افغانستانی باشد از مدنیت به دور است و هرگز مدنی نمیشود و همیشه وحشی باقی می ماند.

اسلام اولین نظام اجتماعی در سطح جهانی بود که به طور مسالمت آمیز با نژاد پرستی و قوم پرستی به مبارزه برخاست. قرآن مردمان را نه به اساس قوم بلکه تقوی می شناسد و نزدیکترین نزد خداوند با تقوی ترین است (سوره حجرات آیه ۱۳) حضرت محمد مصطفی (ص) سلمان فارس را که از خراسان زمین بود "اخی" یعنی برادر گفت. قرآن مسلمانان را در دین اخوه خطاب کرده است یعنی مؤمنین در دین با هم برادر و خواهر هستند. توجه داشته باشید که آیه إخوه از "اخ" که مذکر است و "اخت" که مؤنث است مشتق شده است و اصل تفسیر آیه این است که در بالا گفتیم.

حمله وحشت انگیز مورخ ششم جنوری ۲۰۲۱ در کانگرس آمریکا از نژاد پرستی بود که دموکراسی بعد از تقریباً دو نیم صد سال ناکام مانده که این پدیده شوم را ریشه کن کند. در رابطه به نژاد پرستی و قوم پرستی پیامبر صلی الله علیه و آله چنین فرموده

است:" هیچ عرب را بر عجم، و هیچ عجم را بر عرب و هیچ سفید را بر سیاه و هیچ سیاه را بر سفید برتری نیست مگر به تقوا." این حدیث مطابقت کامل به آیه قرآن که در بالا تذکر دادیم می باشد.

به افتخار می توانیم ادعا کنیم که اسلام چهارده قرن پیش با نژاد پرستی و قوم پرستی به مبارزه برخاسته است و به کرامت انسانی اعتقاد دارد نه نژاد، قوم، پوست و زبان.

متأسفانه در جامعه ما ملا قومی و قبائلی داریم، تحصیل یافته قوم پرست و نژاد پرست داریم، خبرنگار و ژورنالیست قوم پرست داریم که اینها همه هنوز در یثرب زندگی می کنند نه مدینه فاضله.

افغانستان و آمریکا هر دو باید شدید با قوم پرستی و نژاد پرستی مبارزه کند. داکترکینگ فقید که از گاندی هند در مبارزات آزادیخواهی به اساس خشونت پرهیزی پیروی میکرد اما زیادتر از تأویل و تحلیل دین در مبارزات کار گرفت زیرا یک رهبر مذهبی بود. هر کسیکه برای آزادی انسان و انسانیت مبارزه می کند نزد خداوند عزیز است مسلمان باشد یا نباشد. روح دکتر کینگ فقید شاد باد.

جمعه مبارک
جمعه ۱۵ جنوری ۲۰۲۱

حدیث شماره ۱۵

جمعه مبارک

سلام عزیزان

خداوند را سپاسگزارم که بعد از سه هفته قادر شدم تا دوباره سلسله حدیث هفته را روی دست بگیرم.

یک ملت را مردم آن می سازد و مردم بزرگترین منبع پیشرفت و ارتقای یک جامعه است. یعنی مردم متفکر، عاقل، هوشمند و آگاه جامعه ساز هستند. جوامع پسمانده به خاطر عقب گرایی مردم آن است که نه میخواهند تغییر مثبت در زندگی بیاورند. در کشور های متمدن و پیشرفته منبع انسانی بسیار اهمیت قائل هستند و به نام Human Resources یاد می شود و زیاد ترین استفاده را در ساحات مختلف از اشخاص چیز فهم میکنند و بالای اشخاص متخصص و متشبث سرمایه گزاری میکنند. آمریکا یکی از کشور های جهان است که در قسمت استفاده منابع انسانی نهایت پیشرفته است. در مورد اهمیت مردم منحیث یک گنجینه حیاتی حضرت رسول کریم (ص) چنین فرموده است: "مردم معدن هایند چون معدن طلا و نقره" اینجا می بینیم که پیامبر خدا منابع انسانی را به معدن طلا و نقره تشبیه کرده است. متأسفانه این حدیث پیامبر بزرگوار اسلام در کشور های اسلامی قطعاً جنبه تطبیق ندارد و حتی دانشمندان مسلمان امروز با حقوق قابل ملاحظه برای غیر مسلمانان کار میکنند. مردم چیز فهم به خاطر عقاید سیاسی و اجتماعی فراری شده اند. همه این بدبختی برای این است که مسلمانان میخواهند که مردم به ذوق یا دولت و یا طبقه مذهبی زندگی کند در غیر آن در جامعه مسلمان جا ندارد. امید می کنیم که روزی برسد تا منابع انسانی مسلمان بدون جانب داری قومی و شناسایی های شخصی و ارتباطات سیاسی و خصوصی مورد استفاده قرار گیرد و مردم مسلمان ازین بدبختی نجات پیدا کند زیرا مردم در جامعه مسلمان جامعه ساز است نه اینکه دولت باشد.

جمعه مبارک
۱۲ فبروری ۲۰۲۱

حدیث شماره ۱۶

جمعه مبارک

سلام عزیزان

حضرت رسول کریم (ص) هر روز از یک گذر عبور میکرد و یک شخص او را اذیت میکرد. رسول کریم (ص) از بردباری و حوصله مندی کار میگرفت و لب از لب نمی گشود. روزی که از همان گذر می گذشت آن شخص او را اذیت نکرد. سوال کرد شخصی که او را اذیت میکرد امروز کجا شد؟ گفتند مریض است! حضرت رسول کریم به بالا خانه آن شخص بالا شد و او را عیادت کرد. وقتی آن شخص این وضعیت و رویه پیامبر اسلام را دید که او هر روز او را اذیت میکرد و اما پیامبر به عیادتش آمده، مسلمان شد! این داستان را اکثر مسلمانان می دانند. در مورد هویت شخص گویند یک زن یهودی بود.

این است اهمیت عیادت مریض در اسلام. عیادت مریض در اسلام نه تنها دل ها را نرم میکند، دوستی ها را تازه می کند، مهمتر اینکه روابط اجتماعی و زیست باهمی را محکم تر می سازد و جامعه را با محبت تر می سازد. در گذشته حتی کابل که من بزرگ شدم شهر کوچک بود و نفوس کم و مردم می توانستند به عیادت مریض بروند زیرا نه تنها که یک مکلفیت اجتماعی است، تمثیل ایمان است. اما امروز امکانات اینکه مردم از نزدیک به عیادت بروند نسبت بعد مسافه و کمی وقت نه می توانند از راه برسند و اما طرق دیگر در اثر پیشرفت تکنالوژی پیدا شده است که عزیزان دوستان و خویشاوندان را عیادت می کنند مانند "تکست"، "مسج"، تیلفون، فرستادن گل و پستکارت که دعا و احساس نیک خود را برای مریض ابراز کنند. درین بخش حدیث از حضرت رسول کریم (ص) خدمت شما تقدیم می کنم. در یک حدیث پیشوای اسلام سید المرسلین رحمت للعالمین می فرماید که "مسلمان وقتی به عیادت برادر مسلمان خود می رود تا هنگامی که باز گردد در بهشت قدم می زند." زمانیکه مریض بودم از اطراف و اکناف جهان برای من پیام های عیادت و دعای شفاء آمد و سرسام آور بود. گل و پستکارت و پیام های وتزآپ و مسج و تیلفون هر روز می

رسید و اما یک پیام که از یک شخص سرشناس بود توجه من را زیاد تر جلب کرد. در پیام نوشته بود که "وظیفه شرعی خود را انجام دادم و برایت شفاء عاجل تمنا می کنم." اینجا نشان داد که وظیفه یک مسلمان است که بدون در نظرداشت اختلافات نظر باید یک برادر مسلمان را عیادت کرد. به عبارت دیگر عیادت را کسی می کند که ایمان قوی به قرآن و ارشادات حضرت رسول کریم داشته باشد. کسی که ایمان قوی نداشته باشد و خبر هم شده است که یک شخص مریض است و عیادت نه می کند در ایمان خود ضعیف است. ایمان در اثر تطبیق اصول دین می تواند قوی شود و در اثر عدم تطبیق آن می تواند ضعیف شود و این موضوع در قرآن تذکر رفته است. امروز شرایط کرونا طوری است که عیادت مریض در خانه نا ممکن است و اما طرق دیگر که در بالا تذکر دادیم که شما عزیزان با ایمان می توانید به دوستان و عزیزان برسید. بعضی اشخاص به من زنگ زدند که من نه می شناختم و اما آنها من را می شناختند و عیادت کردند که من بسیار مدیون محبت شان هستم.

یک عده عزیزان در پشت در خانه برای من میوه و جوس میوه و حتی شوربای ترکاری گذاشتند. این همه محبت جبران ناپذیر است.

عزیزان اگر شما خدای ناخواسته مریض می شوید و کسی عیادت شما را نه می کند و اما اگر او مریض می شود و شما خبر می شوید باید او را عیادت کنید زیرا شما با افکار و اعمال مردم زندگی نه می کنید. شما با افکار و سنت پیامبر باید زندگی کنید. حضرت رسول کریم (ص) فرموده است: "از آنکه ترا عیادت نه می کند عیادت کن و بانکس که به تو هدیه نه می دهد هدیه بده."

احادیث از کتاب نهج الفصاحه: مجموعه کلمات قصار حضرت رسول کریم (ص) گرفته شده است.

جمعه مبارک
۱۹ فبروری ۲۰۲۱

حدیث شماره ۱۷

جمعه مبارک

سلام عزیزان

یک عده از عزیزان چنین تصور میکنند که همه روز های هفته یکسان است و روز های خداست و از هم تفاوت ندارد پس جمعه با دیگر روز ها برابر است.

در زندگی هیچ چیز برابر نیست. چنانچه همه ماه ها یکسان نیست و فضلیت ماه رمضان از دیگر ماه ها بلندتر است. انسان عالم و امی برابر نیست. در متن قرآن که همه آیات است و اما یکسان نیستند. سوره حمد مادر کتاب است و "یس" دل قرآن است و آیت الکرسی مهترآیات قرآن است. پیامبران همه یک رسالت داشتند و اما حضرت رسول کریم (ص) در قرآن رحمت للعالمین یاد شده است. أماکن کعبه و مدینه فضلیت آن بر دیگر أماکن زیادتر است.

در روز های هفته هم فضلیت روز جمعه بسیار زیاد است از همین دلیل. جمعه برای مسلمانان مبارک است. اینکه در افغانستان جمعه مبارک بین مردم امی رواج نداشته است برای اینکه بر مردم نه می گفتند. دین در انحصار طبقه مذهبی بود و علم را با مردم بطور شاید و باید شریک نه می شدند. اما این بدین معنی نیست که دیگر مسلمانان جمعه را منحیث یک روز مبارک نه می شناسند.

اول اینکه در قرآن یک سوره است به نام سوره جمعه و این موضوع به جمعه فضلیت بزرگ می بخشد.

در سوره جمعه نماز جمعه آمده است که برای هر مسلمان ادای آن اگر در سفر نباشد و مریض نباشد واجب عینی است که فرض عینی هم گفته میشود و باید خوانده شود و این از فضلیت های روز جمعه است که جمعه را مبارک می سازد. امام غزالی علیه رحمه (متوفی ۵۰۵ هجری قمری)، در کتاب نفیس اش جواهر القرآن، سوره جمعه را "مروارید عمل" خوانده است تجارت و کسب و کار نظر به آیه قرآن در وقت نماز جمعه مجاز نیست. در روز جمعه حضرت رسول کریم (ص) فرموده است که مسلمانان باید سوره

کهـف را بخواننـد. در فقـه تشـیع دعاهـای خـاص روز جمعـه اسـت بـه نـام دعـای سـمات و دعـای ندبـه و کمیـل. در روز جمعـه اعمـال نیـک دو برابـر از طـرف خداونـد پـاداش داده مـی شـود. غسـل روز جمعـه از سـنت هـای موکـد اسـت و هـر مسـلمان بایـد در روز جمعـه غسـل کنـد. گنـاه هـای صغیـره در هـر جمعـه بخشـیده مـی شـود. چـون احـکام نظـر بـه شـرایط زمـان و مـکان تغییـر میخـورد امـروز یـک تعـداد از مسـاجد اسـت کـه نمـاز جمعـه را بـا در نظـر داشـت مراعـات فاصلـه بیـن نمـاز گـزاران بـه خاطـر مـرض کرونـا دایـر میکننـد و امـا اعضـای یـک خانـواده اگـر در خانـه باشـند رئیـس خانـواده مـی توانـد نمـاز جماعـت را ادا کنـد. نـزد جمهـور علمـا جمعـه بعـد از کانگـره حـج بزرگتریـن کانگـره هفتگـی مسـلمانان اسـت. بـا اینکـه در اسـلام دو عیـد اسـت. عیـد أضحـی و عیـد فطـر و امـا جمعـه را هـم روز عیـد هفتگـی مسـلمانان مـی گوینـد زیـرا مـردم نـه تنهـا لبـاس آراسـته بـه بـر میکننـد مصافحـه مـی کننـد بـه دیـد و بازدیـد مـی پردازنـد.

در رابطـه بـه جمعـه، حضـرت رسـول اکـرم (ص) جمعـه را "سـید الأیـام" نامیـده اسـت. در متـون دینـی مسـلمانان آمـده اسـت کـه جمعـه نـزد فرشـتگان بـه نـام "یـوم المزیـد" گفتـه شـده اسـت زیـرا دریـن روز خداونـد دروازه هـای رحمتـش را بـه روی بنـدگان مـی گشـاید. ایـن روز روز نیایـش و دعـا مـی باشـد. حضـرت رسـول کریـم (ص) فرمـوده اسـت کـه: "در ایـن روز لحظـه‌ای هسـت کـه اگـر بنـده مؤمـن آن لحظـه را دریابـد درحالی‌کـه نمـاز می‌خوانـد و دعـا می‌کنـد، خداونـد متعـال دعایـش را مسـتجاب می‌فرمایـد." علمـا و فضـلای اسـلام گفتـه انـد کـه ایـن لحظـه بیـن نمـاز، عصـر و شـام اسـت. از آنجایکـه روز در تقویـم هجـری قمـری در نمـاز شـام تغییـر مـی کنـد یعنـی روز در نمـاز شـام تغییـر میخـورد، نـه سـاعت ۱۲ شـب، پـس روز جمعـه در نمـاز شـام روز پنجشـنبه شـروع مـی شـود و از همیـن سـبب شـب جمعـه در فرهنـگ اسـلام شـب مبـارک اسـت زیـرا جمعـه آغـاز یافتـه اسـت.

جمعه مبارک
۲۶ فبروری ۲۰۲۱

حدیث شماره ۱۸

جمعه مبارک

سلام عزیزان

جناب برادر گرانقدر و دوست عزیز جناب استاد عبدالعلی نور احراری مترجم مجموعه احادیث صحیح بخاری در صفحه فیسبوک من حدیث حضرت محمد (ص) را در رابطه با اختلاف نظر که پیامبر (ص) فرموده است: "اختلاف نظر رحمت امت من است" رد می کند و می گویند که این حدیث یک حدیث ضعیف است و موضوعی است و اعتبار ندارد. جناب شان چنین نوشته اند: "إختلاف أمَّتی رَحمةً."

این حدیث موضوعی است که در کتاب "أحادیث الضعیفه والموضوعه" اثر ناصر الدین البانی که پنج هزار حدیث ضعیف و جعلی و موضوعی را گرد آورده و در ده جلد به چاپ رسانیده آمده است و هیچ سندی درست ندارد و آن را مکذوب و باطل خوانده اند. اختلاف در شریعت مذموم است. در سورهٔ نساء می خوانیم: "ولو کان مِن عند غیر الله لوجدوا فیه اختلافاً کثیرًا." اگر از جانب غیر خدا می بود در آن اختلاف زیاد پیدا می کردید.

و در سوره انفال: "ولا تنازعوا و لا تفشلوا و تذهب ریحکم." و ابن حزم در این باره تحقیق دقیق کرده است.در رد این حدیث سخن بسیار است. به همین اندازه اکتفا شد.

اول اینکه از نگاه منطق تطبیقی که جناب استاد حتماً در فلسفه مطالعه کرده اند ما یک آیه در قرآن داریم که می گوید: "و امرهم شوری بینهم" (سوره شوری آیه ۳۸.) یعنی در امور با هم مشوره کنید. مشوره وقتی صورت میگیرد که اختلاف نظر باشد.

دوم از نگاه علم تحقیق که بنده پنج سال تدریس کرده ام هیچ کتاب (برای مسلمانان به جز قرآن مجید)، هیچ تحقیق و هیچ گرد آوری علمی بدون کم و کاست بوده نه می تواند. به شمول احادیث صحیح مسلم و بخاری و ابن ماجه و غیره زیرا کار انسان

است و انسان نه تنها که همه چیز را نه می تواند بفهمد جایز الخطا و فراموشکار است. تحقیق آن است که مسائل گذشته دوباره موشگافی و بررسی شود.

سوم احادیث رسول اکرم (ص) یک صد و پنجاه سال بعد از رحلت جمع آوری شده است و راویان از همدیگر نقل قول کرده اند. در سلسله نقل قول آنهم یک صد و پنجاه سال بعد که پیامبر حیات نداشته تا گفتار خودش را بررسی کند می توان شک کرد. و شک کردن گناه نیست.

چهارم احادیث باید به نص قرآن و یا علم سر خورد زیرا یا اتکأ به وحی دارد و یا چون پیامبر مظهر علم بود به علم سر بخورد. در مورد حدیث مورد نظر می رویم به متن قرآن مجید که در سوره الذاریات آیه هشتم خداوند فرموده است: "إنکم لفی قول مختلف" یعنی هر آینه شما هستید در سخن مختلف." این آیه به إنذاره واضح است که حتی نیاز به معنی و تفسیر ندارد. حدیث "اختلاف نظر رحمت امت من است،" تطابق کامل با این آیه دارد و اگر مفسرین آیه را به ترتیب دیگری تفسیر کرده اند نه مشکل حدیث است و نه این محقق. تفسیر هم کار انسان است. آمدیم سر موضوع که جناب استاد فرموده اند که "اختلاف در شریعت مذموم است" درین مورد اول کدام شریعت؟ وهابی، سنی، شیعه، إسماعیلی و فهرست آن زیاد است. دوم در اصول دین که خدا پرستی و توحید است و احکام صریح مانند حرام بودن گوشت خوک هیچ کس اختلاف ندارد. اختلاف روی مسائل اجتماعی و سیاسی و اقتصادی و غیره است که به امت اجازه داده شده تا امور خود را تنظیم بخشند و در غیر آن دین یک دیکتاتوری می بود و دین دیکتاتوری نیست، مخصوصاً که پیامبر با صحابه و همسران خود مشوره میکرد و نظر آنها را میگرفت.

جمعه مبارک
پنجم ماه مارچ ۲۰۲۱

حدیث شماره ۱۹

جمعه مبارک

به یاد و بود پر افتخار بعثت پیامبر اسلام حضرت محمد مصطفی (ص)

سلام عزیزان

این را حالا همه میدانیم که احادیث رسول اکرم (ص) یک صد و پنجاه سال بعد از رحلت پیامبر (ص) جمع آوری شده است. شناخت حدیث به اینکه چند راوی مسلسل گزارش داده است نه می تواند از نگاه اصول تحقیقات یا Methodology of Research درست باشد. زیرا امکان دارد که یکی از اول آنرا اشتباهاً گزارش داده باشد و دیگران همان گزارش را بدون اینکه زیاد تر تحقیق کنند نقل قول کرده اند. مطلب دوم را که ما مسلمانان اعتقاد داریم و باور ما همین است که قرآن اول کتاب علم و حکمت است و دوم یک کتاب مکمل است چنانچه قرآن می گوید هیچ چیز درین کتاب نادیده گرفته نشده است. چون قرآن علم است پس محمد (ص) مظهر علم است. اگر یک حدیث به قرآن مطابقت ندارد و از زبان پیامبر گفته شده باشد باید علمی باشد و به عدالت مطابقت داشته باشد. عالم و محقق امروز باید مسائل بین المللی را بداند تا سخن پیامبر به اساس زندگانی امروز درک کند نه اینکه جواب را در رویه و تاریخ قریش و مکه ۱۴۰۰ سال قبل پیدا کند. به این اساس امروزِ یک حدیث جالب را به شما نقل قول می کنم اینکه پیامبر واقعاً مظهر علم بود و این دین، دین همه اعصار است نه یک دوره خاص.

قسمیکه شما می دانید نظام سرمایه داری به سه اصول اقتصادی استوار است. خواه مخواه این حقیقت را اقتصاد دان های غربی زیاد یاد نه می کنند. آن سه اصل عبارت اند از سود خوری، کارگر ارزان و مواد خام ارزان. مهم ترین آن کارگر ارزان است. برای این کار شرکت های بزرگ برای کارگر ارزان شرکت خود را برای

دست یابـی بـه کارگـر ارزان بـه کشور هـای فقیـر و عقـب مانـده و رو بـه انکشـاف انتقـال دادنـد. ماننـد بنگلـه دیـش و تایلنـد و غیـره. ایـن رویـه اقتصـادی را در جامعـه شناسـی سیاسـی Néolibéralisme مـی گوینـد.کارگـر ارزان مشـکلات زیـاد هـم بـرای کشـور میزبـان و هم کشور مهمانـدار خلـق کـرد بـه شـمول مسـائل خانوادگـی. در نظـام اقتصـادی وقتـی کمپنـی یـا شـرکت بـه بیـرون انتقـال داده مـی شـود؛ ایـن را Outsourcing مـی گوینـد.

حضـرت رسـول اکـرم Outsourcing را خوشـبختی یـک کار گـر نمیدانـد. بـه اخیـر ایـن حدیـث خـوب دقـت کنیـد:

"چهـار چیـز نشـان خوشـبختی یـک مـرد اسـت: همسـرش پارسـا باشـد؛ فرزندانـش نیکـو کار باشـند، بـا مـردم صالـح معاشـرت داشـته باشـد و روزی خویشـرا در شـهر خـود بدسـت بیـاورد." (حدیـث شـماره ۲۵۷ کتـاب مجموعـه قصـار کلمـات پیامبـر (ص) ، مشـهور بـه نهـج الفصاحـه)

بسـیار شـگفت انگیـز اسـت کـه همچـو حدیـث فـوق العـاده و مهـم حیاتـی در متـون مـا مسـلمانان وجـود دارد. امـا بایـد جامعـه شناسـی اقتصـادی را بدانیـم کـه متوجـه همچـو احادیـث علمـی و حیاتـی شـویم.

جمعه مبارک
۱۲ مارچ ۲۰۲۱

حدیث شماره ۲۰

جمعه مبارک

سلام عزیزان

یـک چالـش دانشـمندان اسـلام در جهـان امـروز همیـن اسـت کـه اسلام را بـا مسـائل روز تطابـق دهنـد تـا بـرای نسـل جـوان امـروز پر معنـی تـر باشـد. حدیـث هفتـه گذشـته در مـورد Outsourcing یعنـی کار را در شـهر خـود کنیـد بسـیار بـرای عزیـزان جالـب بـود. خـواه مخـواه دریافـت ایـن مسـائل مطالعـه و تحقیـق مـی خواهـد.

روز دوشـنبه ۲۲ مـاه مارچ روز جهانـی بـرای آب اسـت (World Day For Water.) آب یکـی از بزرگتریـن نعمـت هـای خداونـد اسـت. ۷۱ درصـد سـطح کـره زمیـن آب اسـت. ۶۰ درصـد بـدن انسـان از آب اسـت. آب نقـش حیاتـی در زندگـی بشـر دارد و بـدون آب زندگـی ناممکـن اسـت. فوایـد زیـاد را دانشـمندان در مـورد اهمیـت آب فهرسـت کـرده انـد کـه تـذکار آن خـارج از مـرام ایـن نوشـتار اسـت. مطلب مهـم کـه میخواهیـم یـاد آوری کنیـم کـه شـهرداری هـای شـهرهای خـورد و بـزرگ صرفـه جویـی در آب را توصیـه مـی کننـد کـه مـا بایـد در مصـرف آب بـرای سـلامت محیـط زیسـت محتـاط باشـیم. دو سـال قبـل ایالـت کالیفورنیـا کـم آب شـده و خشکسـالی بـود. مشـکلات زیـاد را بـه بـار آورد. ماننـد انسـان، حیوانـات و نباتـات بـه آب ضـرورت دارنـد. وقتـی آب کـم شـود محیـط زیسـت صدمـه مـی بینـد و جبـران تاثیـرات خشکسـالی گـران اسـت. بسـیار مهـم اسـت تـا مـا در اسـتفاده آب محتـاط باشـیم و بیاموزیـم تـا در مصـرف آب ماننـد پیشـوای گرانقـدر اسـلام صرفـه جـو باشـیم. حضـرت محمـد (ص) بـه مقـدار یـک صـاع تـا پنـج مـد (م بـا ضمـه یـا پیـش تلفـظ مـی شـود) آب غسـل میکـرد و بـه مقـدار یـک مـد آب وضـو میکـرد. (حدیـث شـماره ۲۰۱ صحیـح بخـاری، متـن فارسـی، جلـد اول؛ ترجمـه اسـتاد عبدالعلـی نـور احـراری.) هـر مـد معـادل تقریبًا دو سـوم کیلـو گـرام اسـت. اینجـا دیـده مـی شـود کـه پیامبر بزرگـوار اسـلام بـا آب بسـیار کـم وضـو و غسـل میکـرد. و هـدف

حدیث هم همین مطلب صرفه جویی در آب است. بنابرین، صرفه جویی در آب سنت رسول اکرم (ص) است و کسی که صرفه جویی میکند داخل ثواب می شود و کسی که در مصرف آب اسراف می کند شامل گناه می شود. زیرا اسراف در هر چیز زندگی در اسلام حرام است.

چطور می توانیم که در آب صرفه جویی کنیم؟

اول ببینید که شیر دهن ها و شاور خانه لیک نکند و به اصطلاح ما "زا نزند."

دوم در ظرف شویی باید محتاط بود که وقت ظروف را صابون می کنیم آب بسته باشد.

در وقتی که مو ها و بدن تانرا شامپو و صابون می کنید آب را بسته کنید.

سوم در تابستان اگر باغچه را بطور الکترونیک آبیاری می کنید باید سیستم را سر ساعت سه شب برای چهار دقیقه عیار کنید. بدین ترتیب آب کمتر مصرف می شود و خوب تر در زمین بعد از نصف شب جذب می شود.

چهارم وقتی میخواهید دست و روی بشویید و یا غسل می گیرید در اکثر شیر دهن های دستشویی ها آب گرم به زودی نه می آید. باید تا آب گرم بیاید آب سرد را در یک ظرف بگیرید و نگزارید که ضایع شود و آنرا برای نباتات داخل خانه استفاده کنید. این ها راه های است که می توانید در آب صرفه جویی کنید و هم در اقتصاد خود کمک کنید، هم به محیط زیست خدمت کنید و هم داخل ثواب شوید.

جمعه مبارک
۱۹ مارچ ۲۰۲۱

حدیث شماره ۲۱

جمعه مبارک

سلام عزیزان

با یکی از دوستان صحبت میکردم و شکایت او همین بود که در زندگی های امروز مشوره بین خانواده ها در امور خانوادگی نیست. اگر چیزی بگویی اعضای خانواده آزرده می شوند و اگر نگویی جگر خونی های دیگر پیدا می شود.

بلی متأسفانه زندگی در غرب و تقلید از غرب، فرهنگ خانواده ساز و برازنده اسلامی را که هر کس در خانواده میخواهد خودش باشد و خودش تصمیم بگیرد و دیگران را مخصوصاً که خانواده در نزدیکی همدیگر زندگی می کنند نادیده میگیرند؛ زندگی را برای همه مشکل می سازد و ساخته است.

دلایل عدم مشوره در یک خانواده مسلمان که می گویند مسلمان هستند و اما با اسلام زیست ندارند قرار ذیل است:

اول فرد گرایی یا Individualisme که یک شخص فکر می کند که خودش باید در همه امور تصمیم گیرنده باشد و دیگران را به کار و زندگی او ربطی نیست. در اسلام فرد گرایی است و اما مسائل عمده خانوادگی باید با مشوره صورت گیرد مخصوصاً که خانواده ها نزدیک هم زندگی دارند؟

دوم مادی پرستی و مادیات را اساس زندگی دانستن است. هر قدر به مادیات زیاد توجه شود معنویات خجسته فرار میکند و فرد فکر می کند که پول داشتی عقل عالم هستی و حتی کسانیکه از او داناتر و تحصیل یافته تر و با تجربه تر است باید از او بشنود نه اینکه او که حالا همه چیز دارد از دیگران بشنود. این وضعیت از نگاه جامعه شناسی یک فارمول را به ما میدهد

$$Individualisme + Matérialisme = Égoïsme$$

یعنی فرد گرایی جمع مادی پرستی مساوی است به خود خواهی و کبر و غرور.

سوم عدم داشتن یک کلان در خانواده. نداشتن یک کلان و یا یک فرد را منحیث کلان نشناختن باعث تیت و پراکندگی خانواده می شود زیرا هر کس سخنی دارد و هیچ کس نیست که سخنان را انسجام دهد و نتیجه گیری کند که برای خانواده چه سودمند است. نداشتن کلان خانواده باعث می شود تا هیچ کس به سخن یک دیگر گوش ندهد و این باعث آزردگی ها و جنگ و دعوا و جدایی ها شده است. به یاد دارم در خانواده مادری و پدری من، کلان خویشاوندان و خانواده پدر من بود. همه نزد او برای مشوره می آمدند.

قرآن حکم می کند که در امور مشوره کنید و حضرت رسول کریم (ص) فرموده است که:

" هر که مشورت کند پشیمان نشود و هر که [در امور] میانه روی کند فقیر نگردد."

خانواده ها و جوانان حق دارند که زندگی های خود را قسمیکه دوست دارند و آرزو دارند داشته باشند و اما در امور عمده خانوادگی مانند عروسی، مرده داری، و مسائل که به همه مربوط می شود باید منحیث یک خانواده متمدن مسلمان دور کلان خود گرد آیند و به مشوره بپردازند. و نتیجه مشوره را کلان خانواده باید اعلان کند. این را ثبات خانوادگی گویند. یک مشکل عمده بین افراد خانواده این است که خوردان چون تربیه مدنی نه شده اند به سخن یک کلان که با تجربه تر است گوش نمیدهند. سخن یک کلان را شنیدن و مشوره کردن از آداب اجتماعی زندگی اسلامی است که امروز اکثراً در خانواده های که کلان ندارند از دست داده اند و امید می کنیم که ما بر می گردیم به همان کابل قدیم و به سخنان بزرگان خود احترام کنیم و از روی ادب طالب مشوره شان شویم.

حدیث شماره ۲۲

جمعه مبارک

سلام عزیزان

در جامعـه ای قومـی و قبائلـی حـق را گفتـن یـک تابـو اسـت. کسـی کـه حـق را بگویـد بایـد بـه کفـر گرفتـه شـود و یـا توهیـن و تحقیـر شـود. یکـی از پسـمانی هـای بـزرگ کشـور هـای عقب مانـده تنهـا در فقـر اقتصـادی و عـدم زعامـت سیاسـی سـالم نیسـت. مشـکل عمـده دریـن اسـت کـه مـردم از صـد هـا سـال بـه ایـن سـوء، در اثـر ازدواج نـا مشـروع مذهـب بـا قـوم عـادت کـرده انـد کـه همـان مطالـب را بایـد بگوییـد کـه بـه تاییـد قـوم و مذهـب باشـد. اگـر بـه مـذاق شـان برابـر نباشـد یـا خائـن گفتـه میشـوید و یـا کافـر. در اثـر ازدواج قـوم و مذهـب اکثـر مـلای مـا نـه همـه و اکثـر سیاسـتمدار مـا بایـد قومـی فکـر کنـد و عمـل کنـد. بـه یـاد دارم وقتـی ده سـال قبـل داعیـه نامهنـاد پشتونسـتان را نوشـتم و دیورنـد را رد کـردم، گفتنـد ایـن بـر خـلاف منافـع ملـی سـخن مـی گویـد و مـن را خائـن خطـاب کردنـد. و وقتـی احادیـث جعلـی را در صحیـح بخـاری رد کـردم و پیشـنهاد کـردم کـه احادیـث بایـد ریـگ شـوی یـا غربـال شـود تـا خـوب و خـراب تفکیـک شـود مـن را کافـر گفتنـد. گرچـه حـالا موقـف شـان بسـیار ضعیـف شـده اسـت مخصوصاً وقتـی یکـی از اشـخاص یـک خانـواده مذهبـی همیـن پیشـنهاد صافـکاری احادیـث را نمـود، در آنوقـت خـود را خامـوش گرفتنـد. زیـرا مذهـب و قـوم در نظـام قومـی و قبائلـی نـه میخواهـد بـه جنـگ باشـد. اگـر ایـن دو بـه جنـگ افتـد همـه نظـام سـقوط مـی کنـد. بـه هـر حـال حـق گفتـن حکـم قـرآن اسـت. بـا قبـول نکـردن یـک عالـم دیـن شـما کافـر نـه مـی شـوید. بـا رد حدیـث جعلـی کافـر نـه مـی شـوید و بـا رد تفاسـیر غلـط شـما کافـر نـه مـی شـوید. شـما وقتـی کافـر مـی شـوید کـه آیـات قـرآن و پیامبـران را تکذیـب کنیـد.

هجـرت کـه آنهـم میـراث فرهنـگ اسـلام اسـت بـه مـا آموخـت کـه ازیـن بـه بعـد حتـی کـه تحقیـر و توهیـن شـویم و بـه ضـرر مـا باشـد بایـد

حقایـق را بـرای مـردم بگوییـم تا مـردم روشـن شـوند. ایـن نکتـه فـوق العـاده مهـم اسـت زیـرا بـه خاطـر بـد نـام نشـدن یـا موقـف سیاسـی خـود را از دسـت نـدادن و یـا هـر دلیـل کـه اسـت جامعـه را بـه رکـود فکـری ایـن گـروه برابـر کـرده انـد. جـرات مـردم سـلب شـده اسـت. بـا اینکـه اکثریـت حقایـق را میداننـد و امـا نـه مـی خواهنـد آزادانـه صحبـت کننـد. در مقابـل حقایـق خامـوش هسـتند زیـرا منافـع خـود را در خطـر مـی بیننـد. و چـون منافـع خـود را در خطـر مـی بیننـد از خـدا نـه مـی ترسـند از مـردم مـی ترسـند. حضـرت رسـول کریـم (ص) دریـن مـورد چنیـن گفتـه اسـت: "از همـه مـردم پرهیـزگار تـر آنکـس اسـت کـه حـق را بـر نفـع و ضـرر خویـش بگوییـد."

پیامبـر اسـلام موقـف مـا را بـرای حـق و حقانیـت روشـن سـاخته اسـت. حتـی کـه بـه ضـرر مـا تمـام شـود نبایـد حـق را کتمـان کنیـم. حـق تنهـا در حقانیـت قـرآن و آیـات نیسـت کـه مـا پنهـان کنیـم و از مـردم بـی دیـن بترسـیم و بلرزیـم. حقایـق سیاسـی و اجتماعـی اسـت کـه مـا بایـد بگوییـم و بنویسـیم.

شـما وقتی اسـتثمار مـی شـوید کـه از خـود بترسـید و از مـردم بترسـید.

جمعه مبارک
دوم اپریل ۲۰۲۱

حدیث شماره ۲۳

جمعه مبارک

سلام عزیزان

ماه مبارک رمضان مبارکباد. طاعات و عبادات شما عزیزان قبول. خداوند به همه استعداد دهد که این ماه را مکمل روزه گیرند زیرا روزه با اینکه فرض است و اما برای کسانی است که مریض نباشند، در سفر نباشند و یا کدام دشواری دیگر که مانع روزه گرفتن می شود نداشته باشند طور مثال کار شاقه و یا شغل های که امکانات روزه گرفتن قطعاً مساعد نیست مانند خلبان هواپیما که هر روز در سفر است و باید فدیه دهد و یا دکتوران که جراحی می کنند که یا باید بعد از رمضان روزه گیرند و یا فدیه دهند. اگر کسی ادعای اسلامیت می کند و هم روزه نمیگیرد و هم فدیه نه می دهد به قرآن اعتقاد ندارد. روزه شرایط دارد و شرایط روزه نظر به شرایط زمان و مکان تفاوت می کند. همه نه می توانند روزه بگیرند. یا دانشجویان که امتحان دارند و طور مثال در لابراتوار هستند و یا مواد کیمیاوی خطرناک سر و کار دارند که باعث انفلاق می شود و یا باعث دیگر مشکلات می شود نه می توانند روزه بگیرند. دوازده سیزده ساله بودم یک روز برای بار اول چشم من مستقیم به چشم پدرم خورد. تا آنوقت به چشمان پدرم به آن دقت ندیده بودم. متوجه شدم که یک چشم پدرم کمی آبی رنگ است و یکی میشی رنگ. سوال کردم که شما چشم تان چرا دو رنگه است. گفت حالا متوجه شدی؟ گفتم بلی! گفت زمانیکه در فرانسه دانشجوی کیمیا بود در لابراتوار روی یک گاز کار میکردند. چشم پدرم عرق کرد و عینک لابراتوار را کمی شور داد و دفعا گاز به چشم او رفت و یک چشم کور نشد اما عیبی شد. این است که در اسلام عبادات فرض هم باشد شرایط دارد و خداوند برای آسانی مردم همین شرایط را وضع کرده تا مردم به زحمت نباشند. روزه فضائل زیاد دارد در صورتیکه روزه دار که روزه دارد متوجه اعمال و کردار خود باشد. حضرت رسول

کریـم (ص) فرمـوده اسـت کـه "پنـج کار اسـت کـه روزه را باطـل مـی کنـد و وضـو را مـی شـکند: دروغ، غیبـت، سـخن چینـی، نظـر شـهوت و قسـم دروغ." همچنـان فرمـوده اسـت کـه "دعـای روزه دار رد نمیشـود." یکـی از فصائـل روزه صحـت و سـلامتی اسـت چنانچـه فرمـوده اسـت: "روزه داریـد تـا تندرسـت شـوید." همچنـان فرمـوده اسـت کـه: "روزه سـپر عـذاب خداسـت" و یـا فرمـوده اسـت: "روزه سـپر آتـش اسـت و هـر کـه روزه گرفـت آنـروز سبکسـری نکنـد." اینهـا همـه بـرای ایـن اسـت کـه انسـان یـک موجـود سـرکش، ناسـپاس، مغـرور و نـادان اسـت. روزه انسـان را بـه مقـام انسـانیت مـی رسـاند و بـه او همـان کرامـت کـه شایسـته ای اوسـت میدهـد. انسـان بایـد از طریـق روزه دسـپلین شـود تـا بتوانـد بـه حیـث خلیفـه خـدا در زمیـن رسـالت خـودش را بـه تکامـل برسـاند و امـا ایـن رسـالت بـدون توانایـی علـم ناممکـن اسـت. مسـلمان کـه در رمضـان سبکسـری مـی کنـد، دروغ مـی گویـد، غیبـت مـی کنـد، عصبـی مـی شـود، پرخـوری مـی کنـد بـرای ایـن اسـت کـه علـم روزه را نـه مـی دانـد و فقـط دهـن بسـته اسـت و بـس.

چو شمع از پی علم باید گداخت

که بی علم توان خدا را شناخت

جمعه مبارک
رمضان مبارک
دهم ماه اپریل ۲۰۲۱

حدیث شماره ۲۴

جمعه مبارک

سلام عزیزان

قرآن مجید به مثابه بزرگترین کتاب علم و حکمت، به آموختن علم بسیار تاکید می کند. نتیجه تأکید قرآن مجید این بود که مسلمانان بین قرون نهم و دوازدهم سردمدار علم و معرفت شدند و در عرصه مختلف ساینس و علوم باعث پیشرفت های شگرف گردیدند. متأسفانه زمان رسید که مسلمانان به جای علم و ساینس پشت فقه را که خودشان زیادتر طرح کردند، گرفتند و افکار مردم را به مسائل فقهی معطوف داشتند و این شدید باعث پسمانی مسلمانان شد. زیادتر مردم را به مسائل مصروف کردند که مردم نه زیادتر مسلمان شدند نه کمتر. طور مثال اگر پشت گردن تو در وضو خوب تر نشده، وضوی تو کامل نیست. طور مثال اگر محمد (ص) سرش را خاریده بود سر خاریدن را سنت گفتند و اگر دو بار خاریده بود، سر خاریدن را سنت موکد گفتند. جوانان را به از بر کردن قرآن تشویق کردند بدون اینکه مسائل عمده ساینس و آیات که در رابطه به علم است بدانند. نتیجه اینکه مسلمانان شدید به عقب افتادند و امروز هر چه که ساینس و تکنالوژی است به دست غیر مسلمانان است.

درین بخش صفات یک عالم واقعی اسلام را تشریح می کنیم.

اول عالم واقعی استقلال فکری می داشته باشد و از دیگران کاپی نه می کند. وقتی یک شخص از إمامان، بدون در نظرداشت زمان و مکان کاپی می کند معلوم است که عقل خودش را مصالحه کرده است و از خود چیزی ندارد بگوید. یکی از دلایل پسمانی مسلمانان همین است که محقق دین به جای تعمق و تعقل و تفکر بسیار آسان از گذشتگان نقل قول میکند. در حالیکه گذشتگان مسائل را که ما امروز روبرو هستیم در عهد شان نبود.

عالــم واقعــی تحقیــق میکنـد و چـون قـرآن بـرای همـه اعصـار نـازل شـده پــس بایــد چیــز هــای نــو را از قــرآن جســتجو کنـد و بــرای مـردم بگویـد. عـدم توجـه بـه سـاینس و تکنالـوژی توسـط فقهـاً، باعـث شـد کـه در اثـر بـه وجـود آمـدن انقـلاب صنعتـی و عصـر سـاینس و تکنالـوژی جوانـان مسـلمان از دیـن دوری کنـد زیـرا فکـر میکردنـد کـه ایـن اسـلام اسـت کـه باعـث پسـمانی شـده اسـت. دانشـجوی مسـلمان در رشـته هـای مختلـف تحصیـل کـرد بـدون اینکـه قـادر باشـد تا رشـته اش را بـه قـرآن ربـط دهـد. چنانچـه در یـک کنفرانـس در کشـور اسپانیه شـرکت کـرده بـودم، یـک جـوان را کـه رئیـس یـک دانشـگاه در کابل بـود و امـا فـوق العـاده نـادان یافتـم، ملاقـات کـردم. ضمـن صحبـت گفـت کـه بـه جامعـه شناسـی علاقمنـد اسـت. مـن گفتـم بسـیار جالـب پـس بایـد کتـاب مـن را زیـر عنـوان اساسـات جامعـه شناسـی اسـلامی مطالعـه کنـی. در جـواب مـن گفـت کـه دیـن را بـه جامعـه شناسـی ربطـی نیسـت! بیچـاره خبـر نداشـت کـه ابـن خلـدون بزرگتریـن جامعـه شـناس اسـلام بـود.

عالــم واقعـی مسـلمان بـه اسـاس فرهنـگ اسـلام زندگـی مـی کنـد. لبــاس او از لبــاس مـردم تفـاوت نـه مـی داشـته باشـد.

عالــم مسـائل روز و پیشـامد هـای علمـی را از دیـد قـرآن مـی بینـد زیـرا قـرآن مـی گویـد کـه در ایـن کتـاب هیـچ چیـز فروگذاشـت نشـده اسـت. مثـلا در رشـته اقتصـاد تیـوری سـود را از نـگاه اقتصـادی مـورد مطالعـه قـرار میدهـد. یـا نبـات شـناس ماننـد بـرادر بزرگـوار مـن پروفیسـور شـفیق یونـس نباتـات را در رابطـه بـه قـرآن تشـریح مـی کنـد.

عالــم امـروز در مسـائل سیاسـی بیطـرف بایـد باشـد زیـرا کار او رهنمایی تـوده هاسـت نـه در گیـر شـدن بـا مسـائل سیاسـی. از همیـن سـبب اسـت کـه محمد(ص)رفتـن علمـا را نـزد پادشـاهان و حکام نهـی کـرده اسـت و علمـای اسـلام حضـور علمـا را نـزد سـرداران قـدرت سـخت تقبیـح کـرده اسـت.

عالــم امـروز بایـد در یـک رشـته تحصیـل کـرده باشـد و از آن طریـق مصـدر خدمـت شـود زیـرا از طریـق تدریـس دیـن خـود را اعاشـه کـردن

در اسلام مجاز نیست و این هم نهی شده است. رسول اکرم(ص) فرموده است: "هر چیزی اساسی دارد و اساس این دین دانش است و یک دانشمند برای شیطان از هزار عابد بدتر است." در حدیث دیگر می فرماید: "دانش بیاموزید و با دانش وقار و آرامش آموزید و نسبت به آموزگار خویش فروتن باشید." همچنان فرموده است: "بهترین امت من دانشمندان اند."

هدف این همه احادیث که تعداد آن زیاد تر از صد حدیث در مورد علم است، این نیست که همه قرآن را از بر کند و نام خود را عالم دین ماند. هدف دانشمندان در همه علوم است چنانچه در گذشته های دور داشتیم.

عالم سر منبر مردم را توهین و تحقیر نه می کند و یا به کفر نمیگیرد. عالم تعصب نمیداشته باشد، بردبار می باشد، به نعل و به میخ نه می زند. اگر در کار خود مسلط است خوب و در غیر آن عالم نیست. زبان مادری را خوب باید باشد، زبان قرآن را خوب بلد باشد نه زبان عربی بازار را تا باقلی را سبزی ترجمه نکند. و یا صبغه الله را رنگ خدا ترجمه نکند زیرا خدا جسم نیست که رنگ داشته باشد. دانشمندان علوم سیاسی باید سیر الملوک غزالی را بخوانند تا بتوانند عدالت اجتماعی را در جامعه مسلمان مطرح کنند. دانشمند مسلمان قومی و قبائلی نه می باشد. به همین ترتیب در همه علوم ما بایددسترسی پیدا کنیم و این ایجاب یک انقلاب فرهنگی را میکند چنانچه در چین و در ایران به وقوع پیوست.

جمعه مبارک
شانزدهم اپریل ۲۰۲۱
۴ رمضان المبارک ۱۴۴۲
رمضان کریم

حدیث شماره ۲۵

جمعه مبارک

به مناسبت روز حفاظت زمین

سلام عزیزان

امروز، ۲۲ اپریل روز زمیـن اسـت. یـا در فارسـی بهتـر اسـت بگوییـم روز حفاظـت زمیـن اسـت. زمیـن نـه تنهـا یـک تحفـه خداونـد بـه بنـدگان اسـت زیـرا بنـده در آن زندگـی مـی کنـد در عیـن زمـان، زمیـن یـک امانـت خداسـت نـزد بنـده. قـرآن مجیـد مـی گویـد کـه هیـچ چیـز را در کتـاب (قـرآن) فروگذاشـت نکـرده اسـت. یکـی از وظائـف بـزرگ مـا پاسـداری و حفاظـت زمیـن اسـت کـه نـزد مـا امانـت اسـت کـه چگونـه کوشـش کنیـم تـا ایـن کـره خاکـی را نگهـداری کنیـم. از آلودگـی هـوا جلوگیـری کنیـم. از انداختـن کثافـات در روی جـاده جلوگیـری کنیـم. آب دریـا را آلـوده نسـازیم. ظـروف پلاسـتیکی را در بیـرل پلاسـتیک اندازیـم. سـوخته سـگرت را در روی خیابـان و یـا آب دریـا و طبیعـت نینـدازیـم. در فرهنـگ مـا مـی گوینـد، قطـره قطـره دریـا مـی شـود. اقدامـات بسـیار خـورد و ریـزه مـا در حفاظـت زمیـن و محیـط زیسـت مـا بسـیار کمـک مـی کنـد. و ایـن وظیفـه هـر فـرد بـا ایمـان اسـت کـه بایـد دقـت کنـد مـا بایـد از ایـام کودکـی بـه اطفـال خـود بیاموزانیـم کـه چطـور نظافـت خـود و نظافـت شـهر را مراعـات کننـد. مـا بایـد بیاموزیـم کـه روغـن و چربـی را در مجـرای آب دستشـویی آشـپزخانه نینـدازیـم. حضـرت رسـول کریـم. (ص) فرمـوده اسـت کـه: "حرمـت زمیـن را بداریـد کـه بـه منزلـه مـادر شماسـت و هـر کـه روی زمیـن کار بـد یـا خوبـی کنـد، از آن خبـر میدهـد." پـس مـی بینیـم کـه مـا در مقابـل حفاظـت زمیـن و محیـط زیسـت در آخـرت مسـؤل هسـتیم. مـا بایـد در سرسـبزی و آبـادی زمیـن کوشـا باشـیم تـا خداونـد بـر مـا رحـم کنـد زیـرا امانـت او را بـه وجـه احسـن نگهـداری کـرده مـی باشـیم. بزرگتریـن امانـت نـزد یـک مؤمـن، امانـت خداسـت.

جمعه مبارک

حدیث شماره ۲۶

جمعه مبارک

سلام عزیزان

یکـی از آداب اجتماعـی در اسلام بـرای بـه وجـود آوردن محبـت و از بیـن بـردن دلخـوری هـا و حتـی از بـردن عداوت هـا تحفـه دادن است.

تحفـه دادن در اسـلام اساساً یـک موضـوع مـادی نیسـت بلکـه یـک ادب اجتماعـی معنـوی است. یـک یـادگار است حتـی اگـر از نـگاه مـادی بسیـار کوچـک باشـد و یـا هیـچ مـادی نباشـد. متأسـفانه مـردم بـه تحفـه از دیـد مـادی مـی نگرنـد و ایـن خـلاف هـدف و مـرام تحفـه در اسـلام است. بـه هـر حـال بعضـی نزاکـت هـای دیگـر است کـه مـردم مراعـات نـه مـی کننـد و مـی توانـد در تحفـه دادن رسـوا کننـده باشـد. بـه یـاد دارم دو سـه سـال قبـل پیراهـن هـای کـه عزیـزان بـرای مـن بعـد از عقـد نـکاح تحفـه داده بودنـد در المـاری لبـاس مـن زیـاد شـده بـود. تقریبـاً همـه ای آنهـا از یـک مغـازه مشـهور آمریکایـی بـود. در حـدود شصت پیراهـن. اکثـر آن بـه انـدازه گـردن مـن برابـر نبـود و یـا بـه ذوق مـن نبـود و بایـد مسـترد میکـردم. وقتـی آنهـا را مسـترد مـی کـردم، یکـی آن را نگرفتنـد و کارمنـد مغـازه بـه مـن گفـت، ایـن یـک از آن مغـازه نیسـت. تعجـب کـردم. در نزدیـک همـان مغـازه یـک مغـازه دیگـر است کـه لبـاس هـای ارزان قیمـت را مـی فروشـند. در فکـرم خطـور کـرد کـه بیـا همیـن را آنجـا مـی بـرم. وقتـی آنجـا رفتـم گفتنـد بلـی از آنهاسـت و قیمـت آن هفـت دالـر بـود! تحفـه دهنـده چـه کـرده بـود تحفـه ارزان قیمـت را بـرای مـن در جعبـه یـک مغـازه لوکـس گذاشـته بـود!

ایـن کـم زدن مـردم است. یـا بعضـی وقـت یـک تحفـه کـه یکـی دو بـار اسـتفاده کـرده انـد و امـا جعبـه ای آن موجـود است بـه یـک کسـی تحفـه میدهنـد. در حالیکـه جعبـه کهنـه شـده و از شـکل و وضـع آن پیداست. اینهـا همـه فریـب کاری است و بـه جـای کـه شـما داخـل

ثواب شوید داخل گناه می شوید.

نزاکت های دیگر در تحفه دادن است که باید مراعات کنید. سویه فرهنگی و اجتماعی شخص مهم است. که چه نوع تحفه برای کی داده شود. ضرور نیست تحفه قیمتی باشد. تحفه باید کار آمد باشد و باید توجه کرد که همین تحفه به درد خور است یا نی. شما یک تحفه دارید و برای اینکه خودتان استفاده نه می کنید آنرا برای کسی دیگر میدهید که قطعاً به درد او نه میخورد. بعضی اوقات کسی به یک کس دیگر تحفه داده و آنرا باز نکرده است و وقتی خودش جایی می رفته همان تحفه ای باز نشده را برای دوست خود می برد غافل ازینکه در داخل آن یک نوت برای خودش نوشته شده است!

شما تحفه میدهید که محبت و إخلاص و دوستی تانرا نشان دهید نه اینکه زیاد تر با یک عمل فریبکارانه دلچرکی و دلخوری را زیاد تر کنید. در متون دینی می خوانیم که در دادن تحفه تکلف نکنید. خود را به زحمت نسازید. چه خاصه که مرتکب ریا کاری و فریبکاری شوید. ضرور نیست که تحفه دهید. اما اگر تحفه دادید باید نزاکت ها را مراعات کنید زیرا فکر نکنید که مردم احمق هستند و نمیدانند. در متون دینی ما میخوانیم که هدیه از هدایت گرفته شده است یعنی هدیه می دهید باید هم به خوبی هدایت شوید یعنی داخل ثواب شوید و طرف مقابل هدایت شود نه اینکه با هدیه ای شما جگرخون شود و یا بیراه شود. همچنان اگر شما کسی را به راه نیک هدایت می کنید به او هدیه داده اید. این است که هدیه یا تحفه قسمیکه گفتیم تنها مادی نیست. درین مورد حضرت رسول کریم (ص) فرموده است که: "بهترین دوست تو کسی است که عیب های تو را بر تو هدیه کند." یعنی تو را به راه خیر و فلاح و سعادت رهنمایی کند. هدیه صله رحم و عشق و محبت را تقویه می کند.

حضرت رسول کریم (ص) فرموده است: "هدیه دهید که عشق و محبت را زیاد می کند."

در دنیـای غـرب در زمـان عیـد کرسـمس بـه کودکان تحفـه میدهنـد، شـما هـم، چـون عیـد سـعید فطـر نزدیـک اسـت بـه کـودکان عیـدی دهیـد کـه هیـچ وقـت تصـور نکننـد کـه در دیـن اسـلام تحفـه نیسـت و یـک دیـن خشـک و بـی محبـت اسـت.

جمعه مبارک
رمضان کریم
۳۰ اپریل ۲۰۲۱ مطابق
۱۸ رمضان المبارک ۱۴۴۲ ه.ق

حدیث شماره ۲۷

جمعه مبارک و رمضان کریم

سلام عزیزان

یـک هفتـه دیگـر از عمـر مـا گذشـت و نوبـت حدیث هفتـه رسـید. حدیـث بسـیار آموزنـده و حیـرت انگیـز بـرای شـما از حضـرت محمد (ص) نقـل قـول مـی کنـم. آموزنـده بـرای اینکـه نظافت و سـلیقه را تدریـس مـی کنـد و حیـرت انگیـز بـرای اینکـه چهـارده صـد سـال قبـل میکـروب بـه شـیطان تشـبیه شـده اسـت. واژه میکـروب یـک واژه دنیـای معاصـر اسـت و امـا رسـول اکـرم (ص) مسـلمانان را از میکـروب زیـر عنـوان نـام شـیطان هشـدار میدهـد. مـن کـه ایـن حدیـث را یافتـم بـاور کنیـد بـه حیـرت رفتـم. حدیـث چنیـن اسـت:

"ریشـهای خـود را شـانه کنیـد و ناخـن هـای خـود را کوتـاه کنیـد زیـرا شـیطان میـان گوشـت و ناخـن روانسـت."

براسـتی کـه میکـروب زیـر ناخـن هـا جـا میگیـرد و باعث مـرض میشود.

قـرآن و سـنت مسـلمانان را شـدید بـه داشـتن نظافت تشـویق مـی کند. و حدیـث دیگـری داریـم از محمـد (ص) کـه فرمـوده اسـت: "نظافـت نصـف ایمـان اسـت." یـک تعـداد افغانسـتانی هـا شـنیده انـد کـه جـز ایمـان اسـت کـه غلـط اسـت.

ان شـاء الله هفتـه آینـده شـاید پنجشـنه عیـد اسـت و صدقـه فطـر روزه را فرامـوش نکنیـد.

جمعه مبارک
رمضان کریم
۷ مـی ۲۰۲۱

حدیث شماره ۲۸

جمعه مبارک / عید سعید فطر مبارک

سلام عزیزان

شرایط اخیر و کشتار کودکان توسط طالبان در دشت برچی که به جز وحشت و دهشت چیزی نیاموخته اند و خوارج قرن بیست و یکم هستند هر انسان با احساس را دردمند ساخته است. جالب این است که هم کشتار میکنند و هم دروغ می گویند در حالیکه درین بیست سال گذشته کودکان چند بار هدف قرار گرفته است. طالبان، مشاورین که برای شان در مورد تمدن اسلامی، اصول مبارزه سیاسی و اینکه کشتار مردم بیگناه، زنان و مو سپیدان و کودکان در اسلام مجاز نیست، ندارند. دین را با دید قومی و قبائلی و قریه یی می بینند. از طرف دیگر کشتار کودکان توسط صهیونیست ها در غزه و فلسطین اشغالی جگر انسان پاره می کند. از رهبران مسلمان یگانه کسی که صدای خود را اصولی بلند کرد اردغان ترکیه بود. مطبوعات غرب تنها به طرفداری اسرائیل سخن می گوید. ۶۴ سال است که فلسطین اشغال شده است و ۶۴ سال است که این مردم از میهن شان فراری شده اند. جالب این است که یهودان میخواهند یک کشور و دولت یهودی داشته باشند و اما وقتی مسلمانان بخواهند یک دولت اسلامی داشته باشند غرب به مخالفت آن سر بلند می کند و اما از اسرائیل جانبداری می کنند. به هر حال این همه ظلم سر مخلوق خدا جواب دادن دارد و لاجواب نخواهد ماند. مردم درد می کشند. این درد جهان شمول است و هر کس که احساس صله رحم دارد، احساس انسانیت دارد و احساس عدالت دارد شدید رنج می برد. حضرت رسول کریم (ص) فرموده است: "مؤمنان در دوستی و مهربانی یک دیگر، چون اعضای یک پیکرند که چون عضوی بدرد آید اعضای دیگر آرام نگیرند."

از رویت این حدیث پیامبر، سعدی علیه الرحمه، یک شعر زیبا

دارد کـه اکثـر اهـل علـم و معرفـت میداننـد:

بنی آدم اعضای یکدیگرند

که در آفرینش ز یک گوهرند

چو عضوی بدرد آورد روزگار

دگر عضوها نماند قرار

تو که ز محنت دیگران بی غمی

نشاید که نامت نهند آدمی

مطلـب را کـه اکثریـت نمیداننـد ایـن اسـت کـه خبـر ندارنـد ایـن شـعر از رویـت حدیـث پیامبـر (ص) گفتـه شـده اسـت.

در غـم خانـواده هـای شـریف دشـت برچـی و غـزه فلسـطین شـریک هسـتیم.

۱۴ ماه می ۲۰۲۱

حدیث شماره ۲۹

جمعه مبارک

سلام عزیزان

شرایط کشور اشغالی فلسطین که از ۶۴ سال است که اشغال شده است و قدرت های بزرگ ازین اشغال بیشرمانه حمایه و پشتیبانی می کنند و کشور های مسلمان هم خاموش هستند زیرا فروخته شده اند و هر روز کودکان و بانوان کشته می شوند دل هر انسان که صله رحم دارد به جوش می آورد.

اول چیزیکه درین قضیه باید بدانید که " اسرائیل" (بین ناخنک می نویسم زیرا من این کشور را به رسمیت نه می شناسم،) مردمان منطقه را تحریک می کند که بعد به نسل کشی و پاکسازی مردمی درین قسمت فلسطینی ها بپردازد. تقریباً همه فلسطین را اشغال کرده اند و تنها غزه مانده است که میخواهند شرایطی را به بار بیاورند تا آنها هم کوچ کنند. ما یک گفته در کابل داشتیم که "گل خشک به دیوار نه می چسپد." ۶۴ سال مبارزه دوام کرده و بلاخره حق به حقداد خواهد رسید. مطمئن باشید. ظلم صهیونیست های "اسرائیل" نا بخشودنی است و انتقام را خدا خواهد گرفت. از زمان که به کمک انگلیس و آمریکا این کشور خود ساخته به وجود آمد که با دهشت و وحشت مردم را از سرزمین شان بیرون راندند، خانه آباد کردند و هر روز زمین غصب کردند این به خاطر است که این مردم صله رحم ندارند. جالب این است که ظلم که هیتلر به سر یهود کرد امروز اینها سر دیگران میکنند.

هستند یهودان که شدید مخالف دولت و ایده صهیونیزم هستند و آنها برای حقوق حقه مردم فلسطین دفاع می کنند و اما صهیونیست که نه دین دارند و نه صله رحم امروز دنیا را برای منافع شخصی خود دربدر کرده اند و جالب تر اینکه خسته را

همیشـه بـه پـای آمریـکا مـی شـکنانند و چـون لابـی یهـود در پوسـت و گوشـت و خـون دولتمـردان آمریکایـی داخـل شـده اسـت اینهـا مطلـق مهـار شـده انـد و دسـت شـان دریـن جنایـات متأسـفانه شـریک اسـت. در حالیکـه اکثـر تـام آمریکایـی هـای عـادی خبـر نـدارد کـه ایـن صهیونیسـت هـا هسـتند کـه پـای آمریـکا را بـرای منافـع شـان در هـر قضیـه بیـن المللـی داخـل میکننـد و از پشـت سـر نظـاره کننـده هسـتند.

مـا اعتقـاد داریـم کـه بالاخـره ایـن ظلـم متوقـف سـاخته مـی شـود. زیـاد هسـتند مردمـان کـه هنـوز هـم صلـه رحـم دارنـد. همیـن حـالا چنـد تـن در کانگـرس آمریـکا ازیـن حالـت بـه سـتوه آمـده انـد. فضـای جهانـی همـه بـه طرفـداری فلسـطین اسـت. کسـانی ازیـن قضیـه دفـاع میکنـد کـه صلـه رحـم دارنـد. هـم از سـرزمین شـان رانـده شـدند و هـم هـر روز کشـته مـی شـوند. غـذا ندارنـد، آب ندارنـد، کار ندارنـد و دولـت صهیونیسـتی ایـن شـرایط را قصـداً بـه بـار آورده تـا کـوچ کننـد و میـدان را بـرای اشـغالگران بـاز گذارنـد.

ظلـم جـواب دارد. شـاید وقـت را بگیـرد و زمانگیـر باشـد و امـا بلاخـره ختـم مـی شـود زیـرا آنانیکـه صلـه رحـم ندارنـد منفـور خـدا هسـتند. حضـرت رسـول کریـم (ص) فرمـوده اسـت:

" در زمین رحم کنید تا خدا سر شما رحم کند."

داسـتان امـروز، قصـه غصـب زمیـن و مهاجـر سـاختن و ظلـم تنهـا نیسـت. داسـتان امـروز مسـله صلـه رحـم اسـت و آنانیکـه دریـن محشـر خامـوش هسـتند بـرای ایـن اسـت کـه صلـه رحـم ندارنـد و اگـر داشـتند بـا قـرار داد هـای کـه بـا آمریـکا کـرده انـد، خشـکیده اسـت بـه شـمول آنانیکـه در خدمـت مسـتقیم کشـور هـای اسـتعماری و امپریالیسـیتی و صهیونیسـتی کـه همـه از یـک چشـمه آب میخـورد، هسـتند.

جمعه مبارك
۲۱ ماه مــی ۲۰۲۱

حدیث شماره ۳۰

جمعه مبارک

سلام عزیزان

آیا زنان با عاطفه تر اند؟

یک ویدیو را از آقای ظاهر داعی به من فرستادند که در مورد اینکه زنان ناقص العقل نیستند صحبت می کند و می گوید که عقل زن و مرد یکی است و بعضی اوقات زنان از مردان دانشمند تر می توانند باشند که این سخن درست است و علاوه می کند اما چون خداوند زنان را با عاطفه تر از مردان خلق کرده است عاطفه زیاد باعث میشود که زنان تصامیم درست نگیرند؟

آقای داعی از یک طرف می گوید زنان می توانند دانشمند تر باشند و از طرف دیگر می گوید که عاطفه بالای شان غلبه میکند و تصامیم درست نه می گیرند. عجب! هم دانشمند باشد و هم تصمیم غلط بگیرد. این خود یک سخن ضد و نقیض است. دانشمند یعنی کسی که به دانش تکیه میکند. در اسلام کسی که به دانش قرآن تکیه کند، زن باشد و یا مرد باشد هرگز اشتباه نه می کند برای اینکه حق از باطل تفکیک شده است. اما انسان چون جایزالخطاء است می تواند گناه کند. یک تفاوت است میان اشتباه و گناه. انسان از نادانی گناه می کند و اما از عدم سنجش دقیق در مسائل اشتباه می کند.

این گفتار که زنان با عاطفه تر اند از دید قرآن مطلق غلط است. اول اینکه زن و مرد را خداوند از نفس واحد آفریده است. (سوره نساء آیه اول) وقتی زن و مرد را از نفس واحد آفریده است چطور امکان دارد که یکی کمتر عاطفه داشته باشد و یکی زیادتر؟؟ عرب قوم پرست برای اینکه زنان را از صحنه سیاست و اجتماع به دور سازند همین تبلیغات را به استناد حدیث پیامبر (ص) که بهشت زیر پای مادران است و چون زن مادر است عاطفه زیاد تر دارد و جای او خانه است، به راه انداختند و این طرز اندیشه به کشور

های مـا سـرایت کـرد کـه ایـن مخالـف قـرآن و یگانگـی راز، خلقـت انسـان و توحیـد اسـت. قـرآن زن و مـرد را در مـوارد مختلـف یکجـا خطـاب مـی کنـد. مؤمنیـن و مؤمنـات.

زنـان بعضـی اوقـات نظـر بـه آیـه قـرآن مجیـد ماننـد مـردان قسـی القلـب هسـتند. در سـوره ممتحنـه آیـه دوازدهـم قـرآن مـی گویـد (معنـی): ای پیامبـر چـون زنـان بـا ایمـان نـزد تـو آینـد کـه بـه تـو بیعـت کننـد [بـه شـرط کـه] چیـزی را بـا خـدا شـریک نسـازند، و دزدی نکننـد، و زنـا نکننـد و فرزنـدان خـود را نکشـند، و بچـه هـای حرامـزاده ای را کـه پـس انداختـه انـد بـا [بهتـان و حیلـه] بـه شـوهر نبندنـد و در کار نیـک از تـو نافرمانـی نکننـد، بـا آنـان بیعـت کـن.

در آیـه بـالا مـی بینیـم کـه زنـان ماننـد مـردان زنـا مـی کننـد، گنـاه مـی کننـد، دزدی میکننـد و حتـی اولاد خـود را مـی کشـند پـس اینکـه زنـان بـا عاطفـه تـر اسـت قـرآن رد مـی کنـد.

زن همـان مسـئولیت را در مقابـل خداونـد، جامعـه و خانـواده دارد کـه مـرد دارد. طـور مثـال اولیـن دانشـگاه در اسـلام بـه تشـبث یـک زن در تونـس بنـا شـد. یـا منبـر مسـجد در زمـان حیـات پیامبـر (ص) بـه پیشـنهاد یـک زن بـه وجـود آمـد. در حریـم خانـواده، قـرآن در سـوره بقـره مـی گویـد کـه زن لبـاس مـرد اسـت و مـرد لبـاس زن اسـت. ایـن آیـه مـی رسـاند کـه نـه تنهـا کـه زن و مـرد مکمـل همدیگـر هسـتند در خانـواده مسـئولیت مشـترک دارنـد و همچنـان در همـه گنـاه و ثـواب مـی تواننـد شـریک باشـند. یگانـه تفـاوت در مغـز وجـود دارد و آن ایـن اسـت کـه مغـز زن از نـگاه حجـم کمـی خوردتـر اسـت. در آیـه آمـده اسـت کـه مـردان یـک درجـه بلندتراننـد. تفاسـیر غلـط، درجـه را چنیـن تعبیـر کـرده انـد کـه یعنـی مـردان در همـه امـور بلنـد تراننـد و زیادتـر بـرای اینکـه نفقـه میدهنـد. در حالیکـه زن هـم مـی توانـد نفقـه آورنـده باشـد. زمانیکـه کمونیسـتان مـردان بیگنـاه کشـور را راه زنـدان و مـرگ کردنـد، زنـان بـا شـهامت افغانسـتان همـه نفقـه آورنـده شـدند. گل سـخن دریـن اسـت کـه مفسـرین فرامـوش کردنـد کـه "درجـه" یـک انگاشـت ریاضـی اسـت نـه اقتصـادی ومعنـوی و اخلاقـی و سیاسـی و غیـره.

چــون جســم زن بـرای تکامـل کوچـک تـر است مغـز او هـم از نـگاه حجـم خوردتـر است. ایـن بـه ایـن معنـی نیسـت کـه در عقـل، دانانـی اخـلاق و قـوه درک و شـعور از مردها کمتـر است و یـا بـا عاطفـه تـر اسـت. مـن شـخصاً شـوهران را مـی شناسـم کـه هـزار مرتبـه از همسـر خـود بـا عاطفـه ترانـد. عاطفـه از نـگاه سوسیوسـایکولوژی یعنـی رابطـه جامعـه شناسـی بـه روانشناسـی مربـوط اسـت کـه مـا چـه قسـم کلان شـدیم. شـرایط اقتصـادی، سیاسـی، اجتماعـی و فرهنـگ پوسـیده یـک انسـان را چـه زن باشـد چـه مـرد باشـد بـی عاطفـه مـی سـازد نـه اینکـه زن از نـگاه خلقـت بـا عاطفـه تـر خلـق شـده باشـد. یـک کـودک کـه در کودکـی بـا او بـد رفتـاری شـده باشـد دختـر باشـد و یـا پسـر باشـد در کلانـی بـا عقـده هـا بـار مـی آیـد و عاطفـه او را صدمـه مـی زنـد.

زن و مـرد از نـگاه عاطفـه هیـچ کمـی و کمبـودی از همدیگـر نـدارد هـر دو از نفـس واحـد خلـق شـده اسـت و امـا ایـن خانـواده و اجتمـاع و اقتصـاد و سیاسـت هـای غیـر مردمـی رویـه هـای غیـر انسـانی و غیـر عادلانـه اسـت کـه روح و روان مـا را شـکل میدهـد.

جمعه مبارک
۲۸ مـی ۲۰۲۱

حدیث شماره ۳۱

جمعه مبارک

سلام عزیزان

درین هفته یک سخن زیبای پیشوای اسلام محمد مصطفی (ص) را برای شما نقل قول می کنم که فوق العاده آموزنده است. این حدیث جواب دندان شکن به وهابی هاست و آنانیکه عقل مردم را کنترل می کنند و یا در تلویزیون ها می گویند کسی از خود چیزی گفته نه می تواند. این طبقه که اسلام را به رکود مواجه ساختند و خواستند دین را به نفع خود انحصار کنند و مردم هم گوسفند وار از ایشان تعقیب کنند.

قرآن مجید مردم را به تعقل و تفکر دعوت می کند و می گوید أفلا تعقلون، و یتفکرون یعنی تعقل نه می کنید و تفکر نه می کنید. به اساس همین آیات است که امام غزالی علیه الرحمه گفته است عقل جوهر انسانیت است. حضرت رسول کریم (ص) درین مورد فرموده است:

" دین مرد عقل اوست و هر که عقل ندارد دین ندارد."

در دیوان گلستان سعدی میخوانیم

تا مرد سخن نگفته باشد

عیب و هنرش نهفته باشد

عزیزان من: اسلام برای اولین چیزی که مبارزه کرد برای آزادی عقل و فکر از اسارت بود. زیرا این فکر و عقل است که به تشبث خود کلمه طیبه را به قلب قبول می کند. تا عقل و تفکر شما عقیده را قبول نکند و به دل نچسپد ایمان حصول نمیشود.

هــر وقــت عقــل شــما را بــه نــام حــزب، ایدولــوژی، و دیــن و ســنت کنتــرل کننــد، شــما راه اســتثمار را بــه روی خــود بــاز مــی کنیــد.

جوانان عزیز من:

هرگــز عقــل تانــرا مصالحــه نکنیــد زیــرا مصالحــه عقــل شــما را بــه زنجیــر هــای اســارت مــی کشــد.

جمعه مبارک
چهارم جون ۲۰۲۱

حدیث شماره ۳۲

جمعه مبارک

سلام عزیزان

امـروز پنجشنبه دهـم مـاه جـون ۲۰۲۱ از جنـوب کلیفورنیا یـک تیلفـون داشتـم کـه بـرای یـک خانـواده گفتـه شـده کـه اگـر میت را بـه زودی دفـن نکننـد گنهـکار مـی شـوند.

ایـن سخـن بـه رویـت حدیـث حضـرت رسـول کریـم (ص) کـه پسان تشـریح مـی کنیـم بـدون اینکـه

الف: گوینده دانسته باشد که حدیث مقید به زمان و مکان است.

ب: سنت، فرض نیست که با انجام ندادن آن مردم گنهکار شوند.

ج: احکام نظـر بـه شـرایط زمـان و مـکان مـی توانـد تغییـر کنـد، بـرای خانـواده گفتـه شـده است.

در گذشتـه چندیـن بـار گفتیـم کـه سنت، حدیـث نیسـت کـه دنیایی باشـد و مقیـد بـه زمـان و مـکان اسـت. بعضـی سنـت هـا اسـت کـه امـروز قابـل تطبیـق نیست. طـور مثـال در گذشتـه گفتیـم کـه مسـواک کـردن سنـت اسـت و امـا مـا در آمریـکا بـه مسـواک دسترسـی نداریـم و بـرس و کریـم مـی کنیـم.

علمـای قدیـم گفتـه انـد کـه اختلـف الأحکام بالاختلـاف زمـان یعنـی احکـام نظـر بـه شـرایط زمـان و مـکان تغییـر مـی کنـد. طـور مثـال حضـرت عمـر (رض) حـد جـزای دزدی را در زمـان قحطـی تغییـر داد. و بلاخـره در انجـام نـدادن فـرض، مسـلمان گنهـکار مـی شـود نـه سنت. اینطـور نیسـت کـه فـرض کـه حکـم خداسـت و سنت کـه روش زندگی پیامبـر خداسـت یـک وزن داشتـه باشـد و یـا مسـاوِی باشـد. در انجـام نـدادن سنـت کسـی مرتکـب گنـاه نمیشـود مخصوصـاً کـه علمـا نظـرات مختلـف در مـورد نـه تنهـا عملکـرد فـرض دارنـد در عملکـرد سنـت و حدیـث هـم دارنـد. تعبیـر و تفسیـر و تأویـل مسـائل در مذاهب تفـاوت دارد. طـور مثـال نمـاز عشـاء (خفتـن) نـزد امـام أبـو حنیفـه علیـه الرحمـه تـا سـحر رواسـت و امـا نـزد امـام شـافعی علیـه الرحمـه تـا دوازده شـب اسـت نـه پیشـتر از آن.

امــروز مــا در غــرب زندگــی مــی کنیــم و دریــن کشــور هــا قوانیــن مختلــف اســت تــا میــت بــه خانــه ای ابــدی نقــل مــکان مــی کنــد. تصدیــق دکتــور طـب کـه فـوت را رسـمی تصدیـق مـی کنـد. ترتیــب و تنظیــم تصدیقنامــه فــوت، آمادگــی قبرســتان و غیــره همــه و همــه مراتب اداری دارد کـه زمانگیـر اسـت کـه بایـد قانونـا انجـام شـود. همچنـان مـا کــه مهاجـر شـدیم خویشـاوندان، اقـارب و دوسـتان از شـهر هـای دور و نزدیــک حتــی از کشــور هــای دیگــر میخواهنــد بــه مراســم تشــییع جنــازه شــرکت کننــد. لـذا خانـواده متوفـی مجبـور اسـت همـه مسـائل را قانونـی مـد نظـر بگیـرد تـا پسـان محکـوم بـه شکسـتاندن قانـون نشـود. حدیــث رسـول کریـم (ص) در مـورد دفـن میـت چنیـن اسـت: در پنج چیز تاخیر نکنید: توبه، نماز، طعام دادن مهمان، نکاح دختر و دفن میت. هــر پنــج مــاده شــروط دارد. یـک کـس بایـد گنــاه او ثبـوت شـود کـه توبــه کنــد مگــر اینکــه شــخص از یـک کار پشـیمان شــود و خـودش خــود را محکمـه کنـد و توبـه کنـد. یـا یـک دختـر بایـد بـه سـن قانونـی برســد و یــا دخترتصمیــم میگیــرد کــه اول تحصیـل کنـد بعــد از ازدواج میکنـد. زیــرا آموختـن علـم فـرض اسـت و نـکاح سـنت اسـت. در آمریـکا دفـن میـت در روز هـای شـنبه و یکشـنبه کـه تعطیـل اسـت قیمـت تـر اسـت و بسـیاری خانـواده هـا همیـن قـوت اقتصـادی را ندارنـد و یــا خانــواده هــا مجبوراننــد تــا اقـارب نزدیـک برسـند چنانچـه وقتـی مـادر مـن فـوت کـرد بایـد فرانسـه مـی رفتـم. در زمـان رسـول خـدا ســرد خانــه نبــود. میـت نسـبت گرمـی زیـاد بـو میگرفـت و گنـده مـی شـد. پـس بایـد زود دفـن مـی شـد تـا ازیـن مسـائل جلوگیـری شـود. تصدیـق دکتـور بیمارسـتان و اجـازه رسـمی دفـن نبـود. اینجاسـت کـه مـا بایـد بدانیـم کـه همـه احـکام فـرض و سـنت نظـر بـه شـرایط زمـان و مـکان تغییـر مـی کنـد و نبایـد فـوراً مـردم را بـه گنـاه محکـوم کـرد. بعــد ازینکــه مـن جـواب دادم خانــواده احسـاس آرامـش کردنـد و ابـراز سپاسـگزاری نمودنـد.

حدیث شماره ۳۳

جمعه مبارک

سلام عزیزان

چهارشنبه شانزدهم ماه جون ۲۰۲۱ در برنامه انترنتی "سیاست افغانستان" به گرداندگی برادر بزرگوار و فرهنگی ام حامد جان ضرابی در کنار یک عده دانشمندان دعوت شده بودم تا در مورد اتحاد شیعه و سنی سخن گویم.

زمانیکه در سال ۱۹۹۳ به دعوت دوست و برادر گرانقدرم خلیل جان راغب هنرمند محبوب و خوش آواز و برنامه ساز موفق تلویزیون، در تلویزیون صدا و سیمای افغانستان راه یافتم و یک برنامه زیر عنوان "ما و دین ما" داشتم که تا سال ۲۰۰۷ دوام کرد، کوشش کردم تا در مورد نطاقی و برنامه سازی در تلویزیون چند کتابی بخوانم تا برنامه ها دلچسپ باشد زیرا گویندگی تلویزیون و نطاقی در تلویزیون یک مسلک از علوم انسانی است و فقط باید در مورد آن مطالعه کرد. مطالب که از کتاب های ژورنالیزم در بخش تلویزیون آموختم این بود که در برنامه باید خودت باشی. افکار خودت باشد. طرز و اسلوب خودت باشد حتی لباس هایت باید تقلیدی نباشد. اصطلاحات خودت باشد و حتی در محضر عام که صحبت می کنی باید خودت باشی و مهمترین موضوع را که آموختم که چون تلویزیون یک رسانه گفتاری است باید برای مردم چنان صحبت کنی که همه تو را درک کنند و از صحبت ها لذت ببرند. لغات و واژه های را باید استفاده کنی که مردم فکر کنند که تو در خانه ایشان هستی و با ایشان صحبت می کنی و فکر نکنی که مردم همه واژه ها و اصطلاحات علمی و ثقیل و لغات که مروج نیست، آشنایی دارند. پس باید به سطح مردم عادی صحبت کنی. در همان سال یعنی ۲۸ سال قبل من احادیث حضرت رسول کریم (ص) را جمع آوری میکردم تا برای هم میهنان به چاپ برسانم که این آرزو هم همان سال برآورده شد. حدیث جالب را یافتم که

مطلـق بـه مطالـب کـه در کتـب ژورنالیـزم خوانـده بـودم مطابقـت کامـل داشـت. حدیـث حضـرت رسـول کریـم (ص) ایـن اسـت:

"مـا پیامبـران بـه انـدازه ی عقـل و فهـم و (دانـش) مـردم سـخن مـی گوییـم."

مـن چـون بـرای مـردم فارسـی زبـان و بـا فرهنـگ کابلـی صحبـت میکـردم اسـلوب خـود را سـاختم. طـور مثـال بـه جـای مـادرم یا والـده ام، بوبویـم میگفتـم، مطلـق عامیانـه صحبـت میکـردم و هنـوز هـم همیـن طـرز و اسـلوب دوام دارد و ایـن اسـلوب در کنـار مطالـب کـه مـی گفتـم مـن را در مدیـای بیـرون مـرزی مشـهور سـاخت. طـور مثـال کلمـه ای دموکـراس بـی نامـوس ده دوازده سـال قبـل یـک غوغـا بـر پـا کـرد. همچنـان مـن تصمیـم گرفتـم کـه از محافظـه کاری کار نگیـرم و سـخنان زننـده و پوسـت کنـده باشـد تـا مـردم دکـه دکـه بخورنـد. بعضـی مطالـب خانوادگـی را کـه مـی گفتـم خانـواده هـا فکـر میکردنـد کـه قصـه خانـه آنهـا را مـی کنـم. زیـرا داسـتان هـا همآهنگـی داشـت و هـر کـس بـه اصطـلاح بـه خـود میخـورد.

در برنامـه " سیاسـت افغانسـتان" در مـورد اتحـاد شـیعه و سـنی شـکل صحبـت مـن بازهـم مسـتقیم، انتقـادی بـر علیـه هـر دو مذهـب و عامیانـه بـود. یـک ملا بـه نـام نـور الله کوثـر کـه یـک انـدازه لافـوک معلـوم مـی شـد و مـن را درسـت نـه مـی شـناخت بـه طـرز صحبـت مـن انتقـاد کـرد و مـن را مریـض خوانـد. مـن هـم فـوراً جـواب اش را بـا لحـن شـدید دادم و او را زیـر حملـه گرفتـم. اکثـر افغانسـتانی هاچـون زندگـی مدنـی ندارنـد رویـه متواضـع بـه درد نمیخـورد. مـا بایـد بـا مـردم مـودب و مدنـی از بردبـاری و تواضـع و حتی خاموشـی کار بگیریـم و امـا مـردم قومـی و قبائلـی ایـن نزاکـت هـا را نیاموختـه انـد و اگـر شـما جـدی رویـه نکنیـد بـاز یـک لاف دیگـر هـم مـی زنـد کـه دیـدی چطـور حـق او را دادم. و وقـت مـن هـم پـوره شـده بـود و از برنامـه خـارج شـدم. پسـان خبـر شـدم کـه آن مـردک را دیگـران انتقـاد کـرده انـد بـه شـمول آقـای حامـد ضرابـی برایـش گفت کـه کار خـوب نکـرد کـه مـن را انتقـاد کـرد. نـور الله کوثـر نادانـی خـودش را ثابت کـرد زیـرا نمیدانسـت کـه سـخن گفتـن بـه زبـان عامیانـه مـردم، سـنت رسـول

کریـم (ص) اسـت. نـه تنهـا کـه مـن را نمـی شـناخت از حدیـث پیامبر خبـر نداشـت کـه مـن بـه اسـاس حدیـث عامیانـه صحبـت مـی کنـم. ایـن حدیـث در مجالـس علمـی و کنفرانـس هـای دانشـگاهی تطبیـق نمیشـود و در آن مجالـس بایـد بـا اصطلاحـات علمـی صحبـت کـرد. نکته قابـل تعمـق ایـن اسـت کـه یـک عـده هسـتند بـرای اینکـه دانـش خـود را بـه رخ دیگـران بکشـند از واژه هـای نامانـوس و لغـات عربـی اسـتفاده مـی کننـد بـه جـای اینکـه عـام فهـم صحبـت کننـد تـا همـه مسـتفید شـوند.

جمعه مبارک
۱۸ جون ۲۰۲۱

حدیث شماره ۳۴

جمعه مبارک

سلام عزیزان

معذرت خواهی از برادر بسیار گرانقدر و دانشمند جناب قاری طه حمید معذرت خواستن یکی از صفات یک مؤمن متواضع است که خودخواهی و کبر و غرور ندارد. بعضی اوقات شاید شما مقصر نه می باشید و اما بازهم برای اینکه صلح باشد و دل ها پاک شود از روی تواضع معذرت میخواهید که این بزرگترین نشانه ای بزرگواری است و صفت خالصانه یک مؤمن است.

هفته گذشته جناب طه حمید دوست گرامی ام به منطقه ما سفر میکرد و قرار بود شنبه عصر در دیار ما باشد. روز یکشنبه از دوستان دعوت کرده بود که اگر مایل باشند او را ببینند در یک رستوران از ساعت یک الی چهار.

من یکشنبه مصروف بودم و برایش تکست کردم که چطور است روز دوشنبه ساعت دوازده ظهر ببینیم و موافقه صورت گرفت و من خواهش کردم که نشانی مهمانخانه که بود و باش دارد به من ارسال کند. این هم موافقه شد.

روز شنبه احوال نیامد. روز یکشنبه احوال نیامد. روز دوشنبه من ساعت هفت و نیم صبح تکست کردم که از تو احوال نشد. بازهم احوال نیامد. من فکر کردم که مصروف شده و وقت ندارد لذا ساعت ده و نیم برنامه خود را تغییر دادم و از وعده منصرف شدم زیرا احوال نیامد. ساعت ۱۱:۱۵ روز بود که زنگ زد که منتظر من ساعت دوازده است. من گفتم که تا حال احوال ندادی و من برنامه خود را تغییر داده ام. او گفت که ساعت دوازده وعده داشتیم که درست بود و اما تا ساعت ۱۱:۱۵ با من به تماس نشده بود و من راه یک کار دیگر شدم. از محل بود و باش من تا مهمانخانه محل اقامت قاری صاحب یک ساعت به موتر فاصله بود. باید سر ساعت یازده به من زنگ می زد که من دوازده آنجا می بودم. همه دوستان میدانند که من در وعده و پیمان خود شدید دقت

می کنم زیرا وعده خلافی خلاف سنت اسلام است و از علامات منافقین است.

من بدین وسیله از جناب قاری صاحب طه حمید جدا معذرت میخواهم و امید وارم من را عفوه کنند. حدیث از حضرت رسول کریم (ص) داریم که فرموده است: " هر که عذر معتذری را راست باشد یا دروغ نپذیرد از شفاعت من بهره ور نشود" (حدیث شماره ۲۷۵۷ نهج الفصاحه.)

بعضی اوقات ما فکر می کنیم که حق به جانب هستیم و طرف مقابل هم فکر میکند که حق از جانب اوست. درین حالت خوبتر است که در معذرت خواهی و عفوه پیش قدم شد که ثواب زیاد دارد.

چرا این داستان را نوشتم اول اینکه از قاری صاحب طه معذرت خواسته باشم که صفت یک مؤمن است. دوم باید تذکر دهم که در مسله نظم و نسق وقت یک موضوع دیگر هم نهفته است و آن نظم و نسق کار هاست یعنی Time management + Organization. اگر قاری صاحب به من وقتر تماس میگرفت این غلط فهمی از طرف من رخ نمیداد. سوم ما انسان ها اشتباه می کنیم و وقتی عرض معذرت می کنیم دیگر موضوع ختم می شود و طرف عفوه می کند و موضوع خاتمه پیدا می کند. موضوع دیگر نه مستقیم و نه غیر مستقیم مانند طعنه و کنایه یاد نمیشود و اخوت و برادری پا بر جا می ماند. ما باید یک فهرست کار های که انجام میدهیم برای روز، هفته و ماه داشته باشیم که در زندگی امروزی مشهور است به To do list که چه کار ها باید اول صورت گیرد. من شخصا عادت دارم که نه تنها کار های روز را می نویسم کار های که در طول ماه باید انجام شود فهرست می کنم. قاری صاحب من را عفوه کنند اگر من باعث بی نظمی در امور شان شده باشم. ایجاب میکرد تا من رسماً معذرت بخواهم زیرا اسلام برای من یک فرهنگ بالا است.

جمعه مبارک
۲۵ جون ۲۰۲۱

حدیث شماره ۳۵

جمعه مبارک

سلام عزیزان

واژه "تکرار احسن" دانشمندان از قرآن استخراج کرده اند برای اینکه آیات در کلام الله مجید است که تکراری است و علما آنرا تکرار احسن گویند. در فرهنگ عامیانه هم یک سخن خوب می تواند دو بار و سه بار تکرار گفته شود.

درین هفته یک حدیث را به شما می نویسم و تشریح می کنم که تکرار احسن است زیرا شرایط ما ایجاب می کند که بعضی موضوعات را تکراری پیشکش شما کنیم. مطالب ذیل را من سال گذشته نوشته بودم و حالا تصمیم گرفتم که دو باره خدمت شما تقدیم کنم.

نوبت حدیث هفته رسید که برای شما از پیامبر اکرم (ص) نقل قول کنم.

" از حسد بپرهیزید زیرا حسد کار های نیک را می خورد چنانکه آتش هیزم را می خورد."

حدیث فوق از حضرت محمد مصطفی (ص) از نگاه علم روانشناسی حایز اهمیت است.

یکی از مشکلات روحی انسان حسادت است. از نگاه روانشناسی کسانی حسود هستند که عزت نفس پایین دارند. چون ضعیف النفس هستند نه می توانند تا دیگران را که از ایشان بهتر است ببینند. این عده تنها این نیست که به خوشی شما خوش نه می شوند بلکه یک روحیه منفی دارند که میخواهند به مردم آزار رسانند. مشکل بزرگ شان این است که خود را میخورند و این روحیه شان اطرافیان را شدید اذیت می کند. اطرافیان آنان هستند که حسود با ایشان زندگی میکند. حسود دو رویه است.

در مقابل شما یک رنگ است و در پشت سر شما یک رنگ دیگر. چطور می توان حسود را شناخت.

در خوشی شما خوش نه می شوند.

کوشش میکند که شما را به نحوه از انحا نیش بزند. ازین لذت می برند.

حسود مرموز است زیرا دو رویه است.

حسود شما را کم می زند.

حسود بی وفا است.

حسود پله بین است.

حسود چنان غرق تکلیف روحی خود است که نه می تواند قبول کند که انسان ها سرنوشت جداگانه دارند.

حسود تخریب کار است

در قرآن کریم، "و من شر حاسدًا إذا حسد" یعنی و از شر هر حسود که حسد می ورزد (نجات بده) دعای عمده محسوب می شود. حدیث فوق تفسیر همین آیه قرآن است که شخص حسود همه اعمالش در صورت حسادت تباه می شود. چون حسود نیت خراب دارد و خداوند حق المبین است و هر عمل ما را می بیند و می شنود، هیچ کاری از او ساخته نیست.

جمعه دوم جولای ۲۰۲۱

حدیث شماره ۳۶

جمعه مبارک

سلام عزیزان

شرایط امروز افغانستان زیاد تر تبلیغات سوء و هدفمند از طرف طالبان است تا اذهان عامه چنان به نفع خود چرخ دهند تا مردم بدون مبارزه تسلیم شوند.

پنجشنبه مؤرخ هشتم جولای ۲۰۲۱، در رادیوی KPFA که در شمال کلیفورنیا پخش می شود، برنامه Democracy Now که یکی از برنامه های بسیار مشهور این رادیوست، گزارش در مورد افغانستان داشت. این برنامه را می توانید از طریق آنلاین در آدرس KPFA.org استماع فرمایید. این رادیو که به رادیوی چپی ها مشهور است واقعیت های را بر ملا می سازد که حکومت آمریکا و میدیای عمومی پنهان می کند. چپی در آمریکا کمونیست معنی نمیدهد. چپی یعنی مخالف روش های دولت معنی میدهد.

از گزارشات و مصاحبات برنامه به وضاحت می توان نتیجه گرفت که تا امروز طالبان برنده نیستند. سی در صد افغانستان را در تصرف خود دارند و ولسوالی ها را قدرت ندارند تا دیر هنگام زیر تسلط خود داشته باشند. خیزش های مردمی مخصوصاً در شمال و شمال غرب کشور. ستراتیژی جنگی طالبان را ضعیف ساخته و طالبان زیاد تر با استفاده از رسانه های اجتماعی میخواهد روحیات مردم را برعلیه نظام جمهوریت تضعیف بخشد. آلمان های نازی در جنگ عمومی دوم یک واژه را اختراع کردند به نام " پروپاگند." هدف پروپاگند فقط و فقط ضعیف ساختن روحیه مردم از طریق دروغ پردازی بود. طالبان از تکتیک پروپاگند کار می گیرند که اندازه ای موثر بوده و اما نه صد در صد زیرا مردم افغانستان از نیت شوم طالبان آگاهی دارند. مهمتر اینکه طالبان با اینکه خود را مسلمان می گویند برای به هدف رسیدن دروغ پردازی میکنند که این رویه حتی در ایام جنگ ناروا است. حضرت رسول کریم

(ص) فرموده است که: " بهترین جهاد ها در پیش خدا سخن حق است." طالبان به مردم سخن حق را نه می گویند و این باعث شرمساری و سرنگونی شان خواهد شد.

دروغ پردازی، خیانت به مردم و سخن ناحق گفتن در هر حالت که باشد در اسلام حرام است. دروغ پردازی حتی در جنگ از دید اسلام نتیجه برعکس دارد. حدیث دیگری را نقل قول می کنیم که " هر که در دنیا دو زبان باشد برای وی در روز قیامت دو زبان از آتش نهند."

جنگ های اسلام در عهد پیامبر (ص) ثابت ساخت که وقتی مسلمانان برای خدا جهاد میکردند حتی با لشکر کوچک برنده می شدند و وقتی دو رویه و دو زبانه بودند و دل های شان برای خدا نبود شکست میخوردند.

با نقل قول احادیث فوق چون طالبان با خدا و خلق خدا راست نیستند، برنده هم نیستند.

جمعه مبارک
نهم جولای ۲۰۲۱

حدیث شماره ۳۷

جمعه مبارک

سلام عزیزان

سقراط فیلسوف یونانی گفت که انسان یک موجود " هایلو مورفیک" است. Hylo یعنی روح و Morphic یعنی به شکل جسم. به عبارت دیگر انسان از جسم و روح ساخته شده است. تا امروز کسی دقیق درباره روح نه می داند. علما و دانشمندان در مورد روح بسیار کار کردند و اما ندانستند که روح راز خلقت آدمی است و هیچ کس دسترسی به آن ندارد. یکی دو مثال در مورد روح موضوع را حل میکند که انسان نه می تواند ثبوت کند. طور مثال، بسیار ساده، و به گفته آمریکایی ها راکت ساینس نیست اینکه وقتی شما به بستر خواب می روید نمیدانید که چه خواب می بینید. وقتی بیدار می شوید هم نمی دانید که دقیق چرا صحنه ها را که هرگز فکرش را نمیکردید خواب دیده اید. خوب بعضی مسائل را از روی تجارب که در طول روز تجربه کرده اید استدلال می کنند و اما دقیق نمیدانند زیرا تعبیر خواب هم یکی از دانستن های عالم روح است. همچنان همسر شما در کنار شما نشسته است و اما شما قادر نیستید بدانید که او به چه فکر می کند. اینها همه به روح و روان آدمی ارتباط دارد. چطور می توان روح را سالم نگهداشت. جسم، به شمول مغز انسان که بخش از جسم است با انرژی غذائی درست و ورزش می توان جسم خوب داشت و اما روح چطور؟

خداوند به پیامبر (ص) می گوید که از تو از روح می پرسند. بگو روح از عالم پروردگار است و شما را اندکی علم داده است. اما این را می توان گفت که روح با ذکر خداوند و نماز و دعا می تواند سالم ماند. موضوع که ماتریالیست ها قطعاً درک آنرا ندارند. نه برای روح جواب دارند و نه راه حل.

قرآن می گوید "و تطمین قلوبهم بذکر الله." یعنی قلب های شان با ذکر خداوند آرامش می یابد. همچنان خداوند می گوید که دعا را مستجاب می کند. پس دعا برای آرامش روحی ما حتمی و ضروری است. درین شرایط مرض کرونا که دوباره پخش شده است و اعلان کردند که باید پوزبند بسته کرد؛ در کنار احتیاط لازم ما همه به دعا نیازمند هستیم تا روح و روان سالم داشته باشیم. اول اینکه رسول اکرم (ص) فرموده است که: "دعا مغز عبادت است" پس باید به دعا توصل کرد. همچنان رسول اکرم (ص) فرموده است که: "خدا را بخوانید و با اجابت دعای خود یقین داشته باشید و بدانید که خداوند دعا را از قلب غافل بیخبر نه می پذیرد."

حدیث سوم را خدمت شما از پیشوای اسلام نقل قول می کنم که فرموده است: "بسیار دعا کن که دعا قضا را دفع می کند." این حدیث نهایت ارزنده است زیرا هر نوع نا امیدی و یأس را نابود می کند. وصل با خداوند مانند این است که شما برق منزل تانرا روشن کنید. با وصل به خالق جهان هستی شما نور ایمان را در قلب تان روشن می کنید و به آرامش روحی و روانی می رسید. اما این آرامش و این روشنایی در قلب شما وقتی حاصل می شود که از عالم غفلت که قرآن (غافلون) گفته است خود را نجات دهید و به عالم حقیقت برسید.

برای مطالعات زیاد تر روانشناسی در اسلام لطفاً به کتاب من زیر عنوان Principles of Islamic Psychology که از تحقیقات علمی من در رابطه با ساینس روانشناسی است و در سال ۲۰۱۷ به زبان انگلیسی به چاپ رسید رسید مراجعه کنید.

جمعه ۱۶ جولای ۲۰۲۱

حدیث شماره ۳۸

جمعه مبارک

سلام عزیزان

اسلام دین تعاون یعنی همکاری است. مسلمانان معتقد به قرآن و ارشادات حضرت محمد (ص) باید در بخش های مختلف که توان آن را دارند همکاری کنند. وقتی شما با نیت نیک همکاری می کنید نه تنها در آبادی کشور و یا یک موسسه مصدر خدمت می شوید خداوند چون از نیت شما آگاه است به شما پاداش بزرگ میدهد. در جامعه ما به جای حسن نیت و همکاری تخریب است، حسادت است، و همین درک را مردم ندارند که خداوند حق المبین است و بندگان خود را دوست دارد و وقتی مؤمن به خداوند توکل کند، خداوند یار و یاور او می باشد. چون این نوشتار در ایام عید سعید اضحی خدمت شما پیشکش می شود بهترین مثال حضرت ابراهیم است که خداوند ناظر و حامی و پشتیبان او بود.

حس همکاری، بنیاد یک خانواده، جامعه، و بلاخره یک کشور را محکم می کند و اتحاد و همدلی را به بار می آورد. حضرت رسول کریم (ص) فرموده است که: "مؤمن نسبت به مؤمن بناست که قسمتی از آن قسمت دیگر را محکم میکند." در حدیث دیگر می فرماید که: "مؤمن آینه مؤمن است. از پشت سر مراقب اوست."

یکی از دلایل که ما هرگز پیشرفت نه می کنیم این است که حس همکاری نیست و بر عکس هم چشمی، تخریب، به خاطر مادیات، مقام و کرسی و یا اینکه حسادت می ورزیم حقوق دیگران را پایمال کردن و گمان بد کردن است. این حالت وقتی به ما شدید صدمه می زند که ما خدا را در امور خود حاضر نه می بینیم. مهمتر اینکه وقتی ما یک مسلمان را تخریب می کنیم چون ایمان قوی نداریم فراموش می کنیم که خداوند شاهد نیت ما و أعمال ما بوده است. فکر می کنیم در پشت سر هر کس هر

چیـز گفتیـم و کردیـم خـدا بـی خبـر اسـت و نـه روز جـزای وجـود دارد و نـه پاداشـی. مـن عقیـده دارم کـه هـم چشـمی، حسـادت و تخریـب مـردم و یـا تهمـت بسـتن یـک تکلیـف روحـی و روانـی اسـت و یگانـه راه عـلاج آن ایمـان بـه ذات پـاک الهـی اسـت. اشـخاص حسـادت مـی کننـد، مسـلمانان را تخریـب مـی کننـد و از پشـت خنجـر مـی زننـد کـه فرامـوش مـی کننـد کـه آن موجـود خدایـی دارد کـه حامـی و پشـتیبان اوسـت. گل سـخن دریـن اسـت کـه بـا تخریـب و حسـادت و بـد بینـی خـود را صدمـه مـی زننـد و شـخص کـه هـدف قـرار دارنـد چـون او بـه کار خـود صادقانـه روان اسـت و توجـه نـه مـی کنـد کـه کـی چـه مـی گویـد و چـه مـی کنـد عـزت اش در جامعـه بلنـد تـر میشـود و کمتـر نـی. خداونـد از دلهـای شـما و اعمـال شـما آگاه اسـت و اگـر در زندگی شـما یـک مصیبـت دچـار مـی شـوید قبـل ازینکـه آن مصیبـت را بـه نصیـب و قسـمت حوالـه کنیـد پیـش خـود فکـر کنیـد کـه بـه کـی بـدی کردیـد. غیبـت او را کردیـد. و یـا تهمـت بسـتید و هـر عمـل ناروارای دیگـر.

جمعه مبارک
۲۲ جولای ۲۰۲۱

حدیث شماره ۳۹

جمعه مبارک

سلام عزیزان

نوبـت حدیـث هفتـه رسیـد. دو حدیـث بسیـار مهـم از حضـرت محمـد (ص) بـرای شـما نقـل قـول مـی کنـم کـه در مـورد نمـاز است.

اول نمـاز نـور مؤمن است.

دوم نمـاز سـتون دیـن است.

یکـی از بدبختـی هـای عمـده فـرد مسلمان و خانـواده مسلمان، آمـر مسلمان، پـدر و مـادر مسلمان، اسـتاد مسلمان و تحصیـل یافتـه مسلمان (اویکـه خـود را مسلمان مـی گویـد) نخوانـدن نمـاز است. اساسـاً خداونـد بـه نمـاز مـا احتیـاج نـدارد و مـا بـرای خـود نمـاز مـی خوانیـم تـا قلـب خـود را از همـه آلودگـی هـا صیقـل کنیـم، روحیـات خـود را قـوی سـازیم و مهمتـر اینکـه روح و روان خـود را تـوازن بخشیـم زیـرا انسـان از جسـم و روح خلـق شـده اسـت. آذوقـه غـذای جسـم اسـت و نمـاز غـذای روح انسـان اسـت. یـک دلیـل عمـده کـه در زندگـی مسلمانان بـرکـت نیسـت، بیـن مـردم حیـا نیسـت، اعتمـاد نیسـت، نفـاق اسـت و خانـواده هـا همـه سـردرگـم و راه گـم و بـی تفـاوت شـده انـد بـرای ایـن اسـت کـه نمـاز در آن خانـه نیسـت. وقتـی پیامبـر اکـرم (ص) مـی فرمایـد کـه نمـاز سـتون دیـن اسـت بدیـن معنـی اسـت کـه نخوانـدن نمـاز همـه زندگـی انسـانی را متلاشـی مـی سـازد. زیـرا دیـن تنهـا یـک عقیـده بـه خداونـد نیسـت بلکـه روش زندگـی مکمـل اسـت کـه در عـرش عظیـم بـرای سـعادت روحـی و معنـوی و اجتماعـی و اقتصـادی بشـر طـرح شـده اسـت. منتقدیـن اسلام همیشـه بـه رخ مسلمانان مـی کشـند ببینیـد نمـاز مـی خواننـد و ماننـد طالبان انسـان کشـی مـی کننـد و یـا غـارت مـی کننـد و یـا زن سـتیز هسـتند. ایـن حـرف هـا همـه درسـت اسـت و امـا ایـن را نـه مـی گوینـد کـه آن شـخص حکمـت نمـاز را نادانسـته و نفهمیـده و درک نـا کـرده نمـاز

میخوانـد و ایـن نمـاز جزئـی تریـن سـود نـدارد. قـرآن مـی گویـد کـه نمـاز شـما را از بـدی هـا بـدور مـی کنـد. و ایـن وقتـی اسـت کـه شـما هـدف نمـاز خوانـدن را دانسـته باشـید.

چـرا نمـاز مـی خوانیـم بـا اینکـه مـی دانیـم کـه خـدا بـه نمـاز مـا احتیاجـی نـدارد. مـا نمـاز میخوانیـم تا انسـان هـای بهتـری باشـیم. یک جهـت و هـدف داشـته باشـیم. تکیـه گاه داشـته باشـیم و مهمتـر اینکـه چـون جـز همیـن خلقـت هسـتیم از دایـره خلقـت بیـرون نشـویم زیـرا درآنصـورت عجیـب سراسـیمه مـی شـویم. جـز خلقـت گفتیـم متوجـه شـده ایـد کـه قـرآن مجیـد مـی گویـد "و النجـم و الشـجر یسـجدان." یعنـی سـتاره هـا و درختـان سـجده مـی کننـد. امـا انسـان مغـرور و سـرکش سـجده نـه مـی کنـد. عجـب اسـت کـه نـه خـدا را مـی بینیـم نـه او بـا مـا سـخن مـی گویـد و نـه مـا او را لمـس کـرده مـی توانیـم و امـا بازهـم بـرای اینکـه او را دوسـت داریـم نمـاز میخوانیـم زیـرا از غفـوری و رحیمـی کـه بـه بنـدگان دارد، مـرد و زن را خلیفـه خـودش و یـا نماینـده اش در زمیـن گماشـته اسـت تـا ماننـد خـودش مظهـر عشـق و زندگـی و امیـد و عفـوه و بخشـش و عدالـت باشـیم. خـدا بـرای انسـان عشـق اسـت و انسـان نماینـده عشـق اسـت پـس همانطوریکـه مـا بـه خـدا عشـق مـی ورزیـم بـه اویکـه در زمیـن دوسـتش داریـم عشـق مـی ورزیـم. امـا ایـن عشـق عـاری از هـوس و شـهوت اسـت. ایـن عشـق فقـط وصـل اسـت بـا موجـودی کـه بـه مـا بـه نـام خـدا انـرژی زندگـی کـردن را میدهـد. همچنـان کسـی کـه شـما را بـدون مطلـب دوسـت دارد بـه شـما انـرژی میدهـد، جهـت میدهـد، امیـد مـی دهـد. زندگـی بـدون عشـق سـیاه و تاریـک اسـت زیـرا مـا بـه دسـت خـود منبـع نـور زندگـی و انـرژی و نـور الهـی را بـا نمـاز نخوانـدن قطـع مـی کنیـم. مـا یـک انسـان را دوسـت داریـم و حتـی پرسـتش مـی کنیـم زیـرا در نهـاد مـا پرسـتش نهادینـه شـده اسـت. پرسـتش یـک انسـان گوینـد روا نیسـت و امـا انسـان کـه ماننـد خـدا بـه شـما انـرژی دهـد، امیـد دهـد نـور زندگـی دهـد بـرای ایـن نیسـت کـه او خداسـت بـرای ایـن اسـت کـه او بـه حیـث خلیفـه خـدا نقـش بـازی مـی کنـد تـا تـو بهتریـن هـا باشـی. در فرهنـگ تصـوف، مـا مرشـد داریـم کـه یـک رهنماسـت. در

زبان انگلیسی Mentor گویند. بعضی اوقات انسان ها خود شان نه می دانند و یا نه میخواهند بدانند که مرشد یک دیگری شده اند. اگر همچو انسان در زندگی شما است که توانسته باشد شما را بدون اینکه به شما گفته باشد و یا خودش از نقش خودش آگاهی داشته باشد و زندگی شما به نحوه مثبت تغییر کرده است او مرشد شماست و باید دوستش داشت و برایش از صدق دل دعا کرد با اینکه او را نه می بینی و تماس نداری.

جمعه مبارک
۲۹ جولای ۲۰۲۱

حدیث شماره ۴۰

جمعه مبارک

سلام عزیزان

از الله متعـال سپاسـگزارم کـه بعـد از یـک مـاه تعطیـلات در خدمـت خواهـران و بـرادران عزیـز قـرار دارم و نبشـته هـای هفتـه وار دوبـاره آغـاز مـی بایـد.

در گذشتـه بـرای شـما گفتـه ام کـه احادیـث حضرت رسـول کریـم (ص) فرهنـگ دهنـده اسـت. قرآن کتـاب علـم و حکمـت و هدایـت و عدالـت اسـت و امـا فرهنـگ دهنـده نیسـت و مـا فرهنـگ اسـلامی داریـم بـرای اینکـه از گفتـار ثقـه پیامبـر (ص) پیـروی مـی کنیـم. ایـن را هـم گفتیـم کـه در فرهنـگ اسـلام حدیـث و سـنت و عـرف اسـت کـه از همدیگر تفـاوت دارد. حدیـث گفتـار پیامبـر (ص) اسـت. سـنت روش زندگـی رسـول خداسـت و عـرف همـان روش آن زمـان اسـت کـه نبایـد بـا حدیـث و سـنت مغالطـه کـرد. حدیـث آن اسـت کـه مطابقـت بـا قـرآن داشـته باشـد چنانچـه پیامبـر (ص) فرمـوده اسـت کـه :

"ای مـردم هـر چـه از مـن بـرای شـما نقـل کردنـد و موافـق قـرآن اسـت مـن گفتـه ام و هـر چـه بـرای شـما نقـل کردنـد و مخالـف قـرآن اسـت، مـن نگفتـه ام." (حدیـث شماره ۱۰۴۷ نهج الفصاحـه)

سـنت روش پیامبـر (ص) اسـت و مقیـد بـه زمـان و مکان اسـت. بسـیاری از سـنت هـا اسـت کـه در زندگـی امـروز تطابـق نـه مـی کنـد و در حـال و احـوال همـان زمـان بـوده اسـت. مثـلا در گذشـته گفتیـم مسـواک دنـدان سـنت اسـت و امـا ایـن سـنت در دسـترس مـا نیسـت و جـای آنرا بـرس و کریـم دنـدان گرفتـه اسـت. عـرف رسـم و رواج همـان زمـان اسـت و عـرف نـه سـنت نیسـت و نـه روش زندگـی خصوصـی پیامبـر. بـرای دانسـتن اینکـه مـا احادیـث ثقـه را بدانیـم بایـد قـرآن مطالعـه کنیـم و بعـد بدانیـم حدیـث کـه در دسـترس مـا قـرار دارد مطابقـت بـه قـرآن دارد یـا خیـر. پـس مـا نـه مـی توانیـم یـک حدیـث را درسـت بفهمیـم تـا قـرآن را مطالعـه نکـرده باشـیم.

عزیزان!

یـک عـده فکـر مـی کننـد کـه دیـن تنهـا بـرای علماسـت. دیـن بـرای

همـه نـازل شـده است و در انحصـار هیـچ کـس نیست. هـر کـس حـق دارد دیـن را مطالعـه کنـد و خـودش را برسـاند. قـرآن کتـاب مـردم است و دیـن از مـردم است و بـرای هیـچ کـس اختصـاص داده نشـده است و زیبـایی آن دریـن است کـه هرکـس نظـر بـه استعـداد خـود مـی آمـوزد نـه کمتـر و نـه زیـاد تـر. دیـن ماننـد سـایر علـوم بـه دسترس شماست. منتظـر کسـی نباشـید و یـا سـوال تانـرا بـه کسـی راجـع سـازید. علمـا بـرای رهنمـایـی هسـتند و وقتـی شـما بـه عالـم رجـوع مـی کنیـد کـه اول خـود مطالعـات خـود را تکمیـل کنیـد و وقتـی در یـک موضـوع بـر مـی خوریـد کـه فهـم آن بـرای شـما مشکـل است دو گزینـه داریـد. اول زیـاد تـر زحمـت مـی کشیـد تـا جـواب سـوال خـود را دریابیـد و گزینـه دوم ایـن است کـه از اهـل علـمِ سـوال کنیـد. عالـم دیـن کـه ایـن گفتـه بیـن مـردم زیـاد رواج دارد اصلاً وجـود نـدارد زیـرا همـه جهان هستی دیـن است. چطـور امکـان دارد کـه یـک شخـص همـه علـمِ جهان هستـی را داشتـه باشـد؟؟ پـس وقتـی شـما بـه یـک موضـوع در قـرآن سـر مـی خوریـد بایـد ببینیـد کـه کِی جـواب گفتـه مـی توانـد بایـد بـه همـان شخـص رجـوع کنیـد. مثـلاً ملا هـا چـون سـاینس تحصیـل نکـرده انـد قـادر نیسـتند تـا یـک سـوال کـه مربـوط سـاینس در قـرآن است جـواب گوینـد پـس بایـد از سـاینتست سـوال کـرد نـه ملا. امـروز همـه جهـان هستـی ماهیـت علمـی دارد و کسـیکه تنهـا قـرآن و حدیث را از بـر کـرده نـه مـی توانـد مسـائل را جـوابِ گویـد. نکتـه اینکـه عالـم دیـن کـه شـما هـزار بـار شنیـده ایـد اصلاً وجـود نـدارد زیـرا انسـان قـادر نیست همـه جهـان هستـی را تحصیـل کنـد و بدانـد. وقتـی قـرآن مـی گویـد وقُل رب زدنّی علمـا یعنـی و بگـو الهـا بـر علـم مـن بیفـزای هـدف آن ایـن است کـه مـن را قـادر بسـاز تـا علـوم جهـان هستـی را بیامـوزم بـا اینکـه میدانـم کـه همـه را تـوان نـدارم. در اسلام هیـچ چیـز از همدیگـر جـدا نیست و همـه جهـان هستـی بـا هـم یـک بافـت دارد و یکـی است و توحیـد همیـن است. کوشـش کنیـد تـا قـرآن و ارشـادات محمـد (ص) را در قبـال سـاینس و مطالعـات امـروزی بیامـوزید تـا بـرای شـما پـر مفهـوم تـر باشـد.

جمعه مبارک
سوم سپتامبر ۲۰۲۱

حدیث شماره ۴۱

جمعه مبارك

سلام عزیزان

یکی از اساسأت عمده ایمان داری تواضع است.

تواضع در زبان شیرین فارسی فروتنی، افتادگی و شکسته نفسی معنی میدهد. تواضع این نیست که شما عقاید خود را ابراز نکنید و یا اجازه دهید دیگران شما را استثمار کنند. و یا برای عدالت قیام نکنید. تواضع آن است که شما خود را از دیگران بلند تر ندانید و به خاطر مال و ثروت و نام و نشان و نام جد و پدرکلان و مقام اجتماعی و سیاسی و شهرت و یا تحصیلات عالی تصور کنید از دیگران بهتر و بلند تر هستید. حضرت محمد مصطفی (ص) فرموده است: "بهتر از همه مردم کسی است که در حال رفعت، فروتنی کند و در عین ثروت زاهد باشد و در عین قوت انصاف کند و در حال قدرت بردباری کند."

از نگاه سوسیو- سیکولوژی یعنی رابطه جامعه شناسی با روانشناسی حدیث فوق حایز اهمیت فراوان است زیرا در جامعه شخصیت شخص با تواضع و یا غیر آن تثبیت می شود. همچنان، تواضع انتی تز کبر و غرور و خودخواهی است و قرآن مجید کبر و غرور و خودخواهی را محکوم میکند و می گوید "ان الله لا یحب المتکبرین" (سوره نمل، آیه ۲۲.) یعنی خداوند متکبران را دوست ندارد.

علامات اشخاص که تواضع ندارند یعنی متکبر هستند زیاد است که از چند آن نام می بریم. اول به مردم سلام نمیدهند و منتظر هستند که مردم به ایشان سلام دهد. در موفقیت و خوشی شما سهم نمیگیرد که این بعد حسادتش را هم نشان میدهد. اکثراً اشخاص متکبر شدید محافظه کار هستند و برای اینکه یک گروه نادان آزرده نشود حقایق را با اینکه خوب میدانند پنهان می کنند. اشخاص که تواضع ندارد فکر میکنند تنها خودشان یک

مسله را مـی داننـد و دیگـران نمیداننـد. دوسـت ندارنـد سـر حـرف شـان کسـی چیـزی بگویـد. اشـخاص کـه تواضـع ندارنـد عاشـق القـاب هسـتند و دوسـت دارنـد کـه بـا القـاب یـاد شـوند و بـرای شناسـایی مقـام خـود مبـارزه مـی کننـد بـه جـای اینکـه اجـازه دهنـد دیگـران او را بـه رسـمیت بشناسـند. اشـخاص کـه تواضـع ندارنـد در ضمـن صحبـت مـی گوینـد کـه فلان شـخص در نظـرم نـه مـی آیـد در حالیکـه خداونـد مـردم را اول بـه تقـوی و بعـد بـه دانـش مـی شناسـد و امـا دانـش کـه تـوام بـا تقـوی باشـد نـه دانـش تنهـا.

مـردم کـه تواضـع ندارنـد اگـر اشـتباه کننـد معـذرت نـه مـی خواهنـد زیـرا معـذرت خواسـتن را کسـر شـان میداننـد و نمیداننـد کـه بـا معذرت خواسـتن پایـه هـای اجتماعـی و سیاسـی خـود را محکـم تـر میکننـد. مردمـان کـه تواضـع ندارنـد وقتـی بـه یـک مقـام مـی رسـند از خـودِ کـرده پاییـن تـران را بـه جـای تشـویق، تکذیـب مـی کننـد و اکثـراً جوانـان و کار هـای جوانـان در نظـر شـان نـه مـی آیـد. اشـخاص کـه تواضـع ندارنـد خـوش ندارنـد کـه یـک جـوان یـک کار را انجـام دهـد و از او مشـوره نگیـرد. در حالیکـه جوانـان بـا عصـر کـه زندگـی میکننـد تشـبثات نیـک دارنـد و بایـد تشـویق شـوند نـه اینکـه توسـط بـه جـای رسـیده کوبیـده شـود.

اشـخاص کـه تواضـع نـدارد خـوش دارنـد کـه در مجالـس از ایشـان دعـوت شـود کـه در صـدر مجلـس بنشـینند. اشـخاص کـه تواضـع نـدارد بـا فقیـر و بـی بضاعـت داد و معاملـه نـدارد و تنهـا بـا کسـان معاشـرت مـی کنـد کـه منافـع اقتصـادی و اجتماعـی و سیاسـی اش مطـرح اسـت.

خداونـدا! مـا را همیشـه متواضـع داشـته بـاش و از کبـر و غـرور و خـود خواهـی نجـات بـده.

جمعه مبارک
۱۷ سپتامبر ۲۰۲۱

حدیث شماره ۴۲

جمعه مبارک

سلام عزیزان

نوبت حدیث هفته رسید. امیدوارم همه ای شما عزیزان از گزند روزگار کرونا به دور باشید و در أمان خداوند باشید. احتیاط را از دست ندهید و در اجتماعات و گردهمایی های بزرگ شرکت مکنید که جان نگهه کردن فرض هر مؤمن است. کسانیکه از ۶۵ بالا است باید واکسین سوم را که مشهور به Booster است به زودی عرضه می شود بگیرند. پیشوای اسلام فرموده است: " مؤمن هوشیار و دقیق و محتاط است." (حدیث شماره ۳۰۸۹)

حدیث این جمعه در باره نیت است که یک مؤمن باید نیت خوب داشته باشد تا خداوند به او رحم کند و یا امور محوله او بر وفق مراد به پیش برود.

کسانیکه ایمان ضعیف دارند تصور می کنند که خداوند از دلهای شان نمیداند و یا فکر میکنند که تنها هستند و کسی اوشان را نه می بیند و یا تبصره ای که میکنند یا غیبت که میکنند، خداوند نه می شنود. در حالیکه خداوند از دلهای ما آگاهی دارد و هر عمل که انجام میدهیم می بیند زیرا بصیر است و هر سخن که می گوییم می شنود زیرا سمیع است.

اساس دین ما عقل است و اما ایمان یک موضوع دل است، ظاهری نیست که شما عبا و قبا به تن کنید و فکر کنید که دیندار تر هستید. سعدی زیبا گفته است:

تن آدمی شریف است به جان آدمیت

نه همین لباس زیباست نشان آدمیت

خداوند در قرآن کریم می گوید که خداوند از دلهای شما آگاهی

دارد. معنـی ایـن آیـه ایـن اسـت کـه از نیـت شـما اطـلاع دارد و نظـر بـه نیـت خـوب و بـد شـما مـورد پـاداش یـا عـذاب قـرار میگیریـد. در مـورد نیـت دو حدیـث از حضـرت محمـد مصطفـی (ص) بـرای شـما نقـل قـول مـی کنـم.

حدیـث اول، پیشـوای اسـلام مـی فرمایـد: ″روز رسـتاخیز مـردم را بکیفیـت نیـت هـای شـان بـر انگیزنـد.″ (حدیـث شـماره ۳۲۰۷)

حدیـث دوم بسـیار جالـب اسـت کـه یـک مقایسـه بیـن مؤمـن و منافـق اسـت و چنیـن مـی گویـد: ″نیـت مؤمـن از عمـل او بهتـر اسـت و عمـل منافـق از نیـت او بهتـر اسـت و هـر کـدام بـر نیـت خـود کار میکنـد و چـون مؤمـن عملـی انجـام دهـد در قلـب او نـوری روشـن مـی شـود.″ (حدیـث شـماره ۳۱۴۲)

عزیزان

هیـچ وقـت مـردم قریبـی نکنیـد و فکـر نکنیـد کـه مـورد مؤاخـذه قـرار نمیگیریـد. در مقابـل مـردم نیـت پـاک و دل پـر صیقـل داشـته باشـید. از حسـادت و کبـر و غـرور پرهیـز کنیـد زیـرا در همیـن دنیـا تباهـی دارد. اینهـا أمـراض اسـت کـه شـما را از درون بـه تباهـی مـی کشـاند. نیـت شـما تجلـی قلـب شماسـت و همـان اسـت کـه نـزد پـروردگار مقبـول اسـت و شـما در امـور محولـه بـه معـراج کمـال مـی رسـید فقـط بـه خاطـر قلـب پـاک و بـی آلایـش کـه تنهـا بـرای خـدا مـی تپـد.

جمعه مبارک
۲۴ ماه سپتامبر ۲۰۲۱
مآخذ احادیث کتاب نهج الفصاحه
مجموعه کلمات قصار حضرت رسول اکرم (ص)
با ترجمه فارسی
بانضمام فهرست موضوعی
مترجم و فراهم آورنده ابوالقاسم پاینده
تهران

حدیث شماره ۴۳

جمعه مبارک

سلام عزیزان

امـروز در کشـور مـا طالبـان مرتکـب تبعیـض بیـن افـراد جامعـه شـده انـد. دختـران از درس و تحصیـل بـاز مانـده انـد. بانـوان دسـت شـان از کار گرفتـه شـده اسـت. ایـن موضـوع باعـث انزجـار، بـد بینـی و مخصوصاً بـد نامـی دیـن اسـلام شـده اسـت. انتـی تـز عـدل، ظلـم اسـت. قـرآن ظالـم را شـدید محکـوم مـی کنـد و ظلـم بـه مثابـه شـرک اسـت. طالبـان ظلـم میکننـد و هـم دریـن دنیـا و هـم در آن دنیـا جـواب دادنـی هسـتند. احادیـث مشـهور حضـرت رسـول کریـم (ص) در مـورد علـم و معرفت اسـت کـه ایـن طبقـه ظالـم نادیـده میگیرنـد و هـر روز مـی شـنویم کـه در مـورد آمـوزش دختـران تصمیـم گرفتـه مـی شـود. ایـن مـردم عقـب مانـده کوهـی و صحرائـی و متحجـر نمیداننـد کـه بـرای آمـوزش و پـرورش خداونـد وقـت و زمـان تعییـن نکـرده اسـت و مـردم زن و مـرد بایـد بـه آمـوزش و پـرورش تشـویق شـوند نـه اینکـه در خانـه قیـد شـوند و یـا بـرای شـان تصمیـم گرفتـه شـود. رسـول اکـرم (ص) فرمـوده اسـت کـه: "آموختـن علـم بـرای مـرد و زن مسـلمان فـرض اسـت." حدیـث دیگـری داریـم کـه "از گهـواره تـا گـور دانـش آمـوز." یعنـی آموختـن هرگـز ایسـتادگی نـدارد. همچنـان فرمـوده اسـت کـه: "در جسـتجوی علـم بـاش حتـی در چیـن." یعنـی آموختـن سـرحد نـدارد و در هـر نقطـه دنیـا کـه شـما علـم بیاموزیـد نبایـد غفلـت کنیـد. امـروز در افغانسـتان ظلـم شـدید کـه مـردم را از حـق تعلیـم محـروم کـرده انـد جریـان دارد و گنـاه بـزرگ و نـا بخشـودنی اسـت. احادیـث فـوق بـرای زن و مـرد گفتـه شـده اسـت نـه تنهـا مـردان. راه نجـات ازیـن بربریـت قیـام هـای غیـر مسـلحانه عمومـی توسـط مـردم اسـت تـا مـردم از ظلـم نجـات پیـدا کننـد.

جمعه مبارک
جمعه اول اکتوبر ۲۰۲۱

حدیث شماره ۴۴

جمعه مبارک

سلام عزیزان

درین یکسال که گذشت زیاد تر از پنجاه حدیث حضرت رسول کریم (ص) که با نص قرآن مجید مطابقت دارد خدمت شما با تشریحات و توضیحات تقدیم کردیم. و این سلسله تا یکسال دیگر دوام خواهد کرد (اگر حیات باقی باشد) ان شاء الله. دلیل آن این است که با شناخت و تطبیق حدیث است که ما می توانیم فرهنگ اسلامی داشته باشیم. برای همین منظور، من کتاب اندرز های پیامبر را در شروع سال جاری (۲۰۲۱) به زبان انگلیسی که شامل صد حدیث پیشوای اسلام است زیر عنوان Maxims of the Prophet به نشر سپردم. این کار را برای جوانان کردم تا از فرهنگ والای اسلام به دور نمانند. کتاب اندرزهای پیامبر در سایت آمازون به دسترس است.

یکی از مشکلات روحی و روانی مردم ما که منجر به بد اخلاقی توجیه می شود تهمت کردن است که سر مردم و حتی سر خود تهمت می کنند که تهمت به خود توجیه به دروغ و لاف زدن می شود. اول باید بدانیم که چرا مردم تهمت می کنند. کسانی تهمت می کنند که اعتماد به نفس ندارند. کسانیکه اعتماد به نفس ندارند چند نزاکت وجود دارد. اول به خود باور ندارد. طور مثال به چیزیکه می گوید سر خودِ حاکم نیست. پسان موضوع که گفته است انکار می کند. این اساساً یک موضوع روحی است و اما ما زیاد تر آنرا از جنبه اخلاقی می بینیم. به یاد دارم در ایام تحصیل یک استاد آمریکایی برای ما گفته بود که اگر سر خود حاکم نیستید در یک کنفرانس و یا محفل علمی شرکت نکنید. هر وقت دانستید که سر خود حاکم شدید و می دانستید استدلال کرده می توانید، شرکت کنید.

دوم مردم تهمت می کنند تا خود را نجات داده باشند و یا از عقده

تهمـت مـی کننـد و یـا از حسـادت تهمـت مـی کننـد کـه اینهـا همـه کمـی و کمبـودی روحـی و روانـی اسـت. در دیـن اسـلام تهمـت کـردن حـرام اسـت کـه یـک کسـی کـه یـک کار را نکـرده و یـا نگفتـه بـه او تهمـت بسـته شـود و شـخصیت او تخریـب شـود کـه ایـن را Character Assassination در علـم روانشناسـی گوینـد. امـا تهمـت گـر چـون هوشیار نیسـت متوجـه نمیشـود کـه بـا تهمـت کـردن کـه امـکان دارد غلـط ثابـت شـود شخصیت خـود را هـم مـی کشـد. بـه همیـن اسـاس اسـت کـه حضـرت رسـول خدا محمـد مصطفـی (ص) فرمـوده اسـت کـه: " هـر کـه بـا متهمـان آمیـزش کندبیشـتر از همـه مـردم سـزاوار تهمـت اسـت."

اینجاسـت کـه ایـن حدیثِ بـه مـا مـی آموزانـد کـه بایـد در تهمـت بسـته شـود. موضـوع فـوراً ثابـت شـود و تهمـت گـر بایـد حـد اقلاً معـذرت بخواهـد در غیـر آن جامعـه بـه فسـاد اخلاق کشـانده مـی شـود زیـرا اشـخاص بـا آبـرو عـزت شـان مصالحـه مـی شـود.

بعضـی مـردم، زن و مـرد سـر خـود تهمـت مـی کننـد. ایـن بـه خاطـر عقـده حقـارت اسـت. یـک شـخص یـک کاری را نکـرده بـرای اینکـه خـود را مهـم نشـان داده بـه خـود تهمـت مـی زنـد. یـا در یـک جایـی نرفتـه اسـت وقتـی صحبـت مـی شـود مـی گویـد بلـی او جـا را سـفر کـرده اسـت.

بعضـی مـرد هـای نامـرد چـون دسـت شـان بـه یـک زن نمـی رسـد بـه آن زن تهمـت مـی بندنـد تـا شـخصیت او را تخریـب کننـد و بـه اصطـلاح نـام زده کننـد.

تهمـت گرچـه زیـاد تـر توجیـه شـده اسـت کـه از عـدم اخـلاق سـالم سـر مـی زنـد امـا اساسـاً یـک تکلیـف روحـی و روانـی اسـت کـه از طریـق ایمـان قـوی بـه خـدا عـلاج پذیـر اسـت.

جمعه مبارک
پنجشنه هفتم اکتوبر ۲۰۲۱

حدیث شماره ۴۵

جمعه مبارک

سلام عزیزان

سخن چینی چیست؟

حضرت رسول کریم (ص) فرموده است که: ”سخن چینی آن است که یک کس سخن مردم را به یک کسی دیگر می برد و آنها را به نفاق می اندازد.“ کسی که نفاق تولید می کند در آن دنیا که ما مسلمانان سخت به آخرت ایمان داریم، عذاب می بیند. این عملِ شنیع در اسلام حرام است و گناه کبیره به شمار می رود. اکثراً این عمل زشت و بد را دوستان به نام ”دوست“ انجام میدهند. کسی که سخن یک کس را به کسی دیگر می برد فاسد و فاسق است و دوستی با او مجاز نیست. دوست خوب هرگز (از روی دوستی) مرتکب همچو زشت کاری نه می شود. کسی که سخن کسی دیگر را به شما می آورد و شما فکر می کنید از روی دوستی این کار را کرده سخت اشتباه می کنید. اصلاً او دشمن شماست نه دوست. مطمئن باشید که او سخن شما را به کسی دیگر می برد. این اعمال را کسانی انجام میدهند که ایمان به خدا و روز آخرت ندارند و از بزرگترین منافقین هستند و تظاهر به ایمان می کنند. حضرت رسول کریم (ص) فرموده است که: ”روزه و وضو سخن چین در اثر سخن چینی باطل می شود.“ به همین اساس سوء ظن یا حدس و گمان که قرآن مردم را جدا منع کرده است و آن هم از گناهان کبیره به شمار می رود. حدس و گمان آن است که:

الف- شما یک موضوع را بدون تحقیق قبول کنید مانند مسائل علمی

ب- مردم یک سخن را به شما بگویند و شما فوراً قبول کنید

یک مسلمان که به خداوند و کلام او عقیده دارد هرگز سخن منفی

کسی را در مورد یک شخص قبول نه می کند مشروط بر اینکه چهار شاهد وجود داشته باشد و شهادت داده باشند. و یا در دنیای امروز سخن غلط و یا منفی او در رسانه ها ثبت شده باشد که راه انکار را مسدود می کند. تا خود شما حتی که از طرف دوست شما باشد یک موضوع را به گوش خود نه شنیده اید و یا به چشم نه دیده اید قبول نکنید. هستند مردمان که از روی عقده، حسادت و یا اینکه خود شان به مرام خود نرسیده اند به نام دوست شما (که بین من و تو باشد) یک کسی که از جان خود خبر ندارد تخریب می کند و شخص مورد نظر را در نظر دیگران بد می سازد. بسیار دوستی ها به هم خورده است به خاطریکه یک شخص فاسد بدی یک کس را گفته است در حالیکه آن شخص مطلق بیگناه است. بسیاری مردان و زنان هستند که وقتی دست شان به زن مورد نظر و یا به مرد مورد نظر نه می رسد او را بد نام می کنند و تخریب می کنند و این اعمال همه زیر نام دوستی جامه عمل می پوشد. دوست که به شما از کسی احوال می آورد، دوست که غیبت کسی را به شما می کند و دوست که کسی را در نظر شما بد معرفی می کند و می گوید " احتیاط کن که فلان شخص چطور است و چکار است،" او دوست شما نیست بلکه دشمن شماست زیرا شما را قصداً و عمداً داخل گناه می سازد. دوستان از هم بریده اند، خانواده ها با هم قطع رابطه کرده اند حتی خواهر و برادر به خاطر همین اشخاص منافق و فاسد زندگی های شان به هم خورده است و از خود خبر ندارند.

هیچ سخن منفی را حتی که از طرف دوست شما باشد قبول نکنید و هرگز به حدس و گمان زندگی نکنید تا خود در یک مورد یقین حاصل نکنید. یک موضوع را که باید خوب توجه کنید این است که ما انسان ها به دل و مغز مردم حتی دوست خود راه و دسترسی نداریم و نمیدانیم که حتی نیت دوست ما چه است و برای اینکه ازین عمل زشت جلوگیری به عمل آید این است که سخن هیچ کس مورد اعتماد نیست وقتی شما می دانید که غیبت و سخن چینی می کند. اقلاً همین مطلب را می توانید

تشخیص دهید. سوال مطرح می شود که سخن کی را می توان قبول کرد؟ تنها شخص که عالم است زیرا تنها علما از خدا می ترسند (سوره فاطر آیه ۲۸ .) و به غلط نه می روند. درین جا عالم واقعی مطرح است نه ملا ها یا داکتران نادان که به نام عالم دین و دانشمند عرض اندام کرده اند که از راه دین بدور هستند و حتی نمیدانند که دین خدا نزد بنده یک امانت است. زیرا آنانیکه در راه دین نیستند نه تنها غیبت می کنند حتی به نام ملا و داکتر صاحب دین را تخریب می کنند که شما خبر دارید.

جمعه مبارک
پنجشنبه ۱۴ اکتوبر ۲۰۲۱

حدیث شماره ۴۶

جمعه مبارک

سلام عزیزان

دو ماه می شود که مردم افغانستان توسط طالبان به گروگان گرفته شده اند. زنان و دختران از سکتور اقتصادی کشیده شده اند و هیچ کس به داد شان نه می رسد. سازمان های حقوق زن تقریباً خاموش هستند. یک گروپ میخواهند با این گروپ که از همه معیار های اسلامی و جهانی به دور هستند همکاری کنند و یک عده دیگر شنیده شد که باید به طالبان وقت داد زیرا طالبان به کودک دو ماهه می ماند و باید برای شان وقت داد. این گروپ روزی جزیی ترین علاقمندی به اسلام نداشتند و اما امروز از طالبان جانب داری می کنند.

بعضی اشخاص شاید توقع دارند که یک مقام بگیرند و خود را خاموش گرفتند و در مقابل ظلم خاموش هستند. یعنی در گذشته های دور از والدین خود شنیده بودیم که مرد و نامرد در روز بد معلوم می شود. برادران و خواهران شیعه ما در هراس و سراسیمگی به سر می برند زیرا تا حال درین دو ماه مساجد اهل تشیع مورد حمله قرار گرفته است. کابل برق ندارد گرچه ازبکستان وعده کرد که افغانستان را درین زمستان تنها نه می ماند. پول های افغانستان منجمد ساخته شده است زیرا طالبان یک وجب از روش های تبعیضی و زن ستیزی خود شور نخورده اند. مردم بیعت نکرده اند و همه علمای کرام قدیم اسلام گفته اند که یک نظام سیاسی مشروعیت ندارد تا اینکه مورد تایید مردم نباشد. امروز آبروی مسلمانان افغانستان مصالحه شده است و هنوز هم خون شان می ریزد و هیچ کس در فکر مردم نیست و وقتی ما در فکر آبروی مردم نباشیم به بد ترین حالت قرار داریم. حضرت محمد (ص) فرموده است که: "همه چیز مسلمان خون و آبرو و مال او بر مسلمان حرام است."

مسلمانان در افغانستان کشته می شوند؛ خانه ها تلاشی می شود؛ خواهر و برادر شیعه به خون می غلتند؛ جوانان از کشور فرار می کنند. بیمارستان ها فاقد دوا است. مردم افغانستان با یک گروه ظالم طرف هستند مثلیکه آلمان ها در زمان آلمان نازی مواجه شده بودند. حضرت رسول کریم در مورد مصیبت گفته است که: "هر چه مؤمن از آن بدش آید مصیبت است." مردم افغانستان به مصیبت گرفتار شده اند. الهی این کشور را از شر مردم ظالم و این مصیبت نجات بده.

جمعه مبارک
پنجشنبه ۲۱ اکتوبر ۲۰۲۱

حدیث شماره ۴۷

جمعه مبارک

سلام عزیزان

زنان در تمدن اسلامی نقش بارز ایفا کردند. منبر مسجد به پیشنهاد یک زن ساخته شد. حضرت بی بی عایشه (رض) به حیث یک فقهی عرض اندام کرد. در جنگ های اسلام زنان از برادران زخمی شان پرستاری میکردند. بی بی زینب اولین مکتب نسوان را بنیاد گذاشت. بی بی فاطمه زهرا (رض) از زنان دانشمند اسلام بود چنانچه بی بی عایشه صدیقه (رض) گفت: در زنان از فاطمه دانشمند تر ندیده ام. اولین پولیس جامعه اسلامی برای حفظ امنیت مردم یک زن بود. زنان با مردان یکجا از مکه به مدینه هجرت کردند.

اما امروز می بینیم که یک گروه متحجر را مثلث گناه یعنی ایالات متحده آمریکا، عربستان سعودی و پاکستان به قدرت رساند تا نه تنها منافع خود را حمایه کرده باشند اسلام را در سطح جهانی بد نام کنند. طالبان به اساس ایدیولوژی "دوق" یعنی خمیر از دیوبند و هابی و قومی، امروز افغانستان را به لجن کشانده اند که نه از اسلام خبری است، نه انسانیت و نه مدنیت. از عبدالله فیروز الدلامی یکی از صحابه کرام روایت شده است که حضرت رسول کریم (ص) فرموده است: "با کودکان تان در بخش توزیع حقوق عادل باشید. و اگر من در توزیع حقوق کسی را ترجیح میدادم، زنان را زیاد تر ترجیح میدادم تا حقوق زیاد تر داشته باشند."

امروز می بینیم که زنان از حقوق کار و تحصیل دو مسله که اسلام هیچگونه تبعیض نکرده زن مسلمان به نام دین و سنت محروم شده است. آنانکه از طالبان دفاع میکنند و یا همکاری میکنند اینها خود از آنان هستند که زن ستیز هستند و روحیه قومی و قبائلی دارند. مردم افغانستان با گفتار و قلم باید بر علیه این تبعیض که خدا حرام کرده مبارزه کنند. زنان نصف کلی جامعه مسلمان است

و نبودن ایشان در اجتماع، جامعه را به رکود مواجه می کند. قرآن مجید و محمد (ص) هیچگونه تبعیض بر علیه زن روا نداشته است و اما این مغز های گنده ملا و آخوند است که برای منافع خود زن را از حقوق که خدا برای زن داده است محروم کرده اند.

جمعه مبارک
۲۹ اکتوبر ۲۰۲۱

حدیث شماره ۴۸

جمعه مبارک

سلام عزیزان

اساس دین اسلام که این موضوع را چند بار خاطر نشان کرده ام علم و دانش است. یکی از دلایل پسمانی مسلمانان دوری از علم است و این بی علمی باعث شده است که آنانیکه مانند طالبان در قدرت هستند مردم را به نام دین و سنت استثمار کنند. دو دلیل عمده از نگاه انتروپولوژی فرهنگی وجود دارد که یک شخص و یا یک ملت استثمار می شود. وقتی که دین و تاریخ خود را درست نداند. امروز طالبان به نام دین مردم را استثمار می کنند و چون اکثر مردم دین را نه می دانند هر چه آنها می گویند باید مردم قبول کنند. یعنی بی دانشی مردم که خداوند ایشان را آزاد آفریده و کسی حق ندارد که مردم را از حق آزادی محروم کند و مردم تنها به خداوند مسؤل هستند نه یک ارگان به نام دولت بی خبر اند. یا اینکه دین تحمیل نمیشود و یا موسیقی حرام نیست و یا حجاب از پنج بنای مسلمانی و یا ارکان ایمان نیست؛ ازین موضوعات مردم بی خبر اند. چون مردم هرگز به این مسائل فکر نه می کنند و هر چه برای شان گفته می شود همان را قبول میکنند و راه استثمار و استعمار خود را، خود باز می کنند. توجه داشته باشید که مردمان جهان بسیار وقت به خاطر بی دانشی از دین و تاریخ کشور و تاریخ دین باعث بدبختی خود شده اند و افغانستان در زمره همان کشور هاست.

جالب این است که بعضی اوقات بعضی اشخاص که از دین و تاریخ خود خبر ندارند و برنامه ساز او را به نام پروفیسور معرفی می کند در یک تلویزیون یا برنامه ظاهر می شوند و جفنگ می گویند و برنامه ساز هم چون از دین بی خبر است یا خاموش است و یا به نام آزادی فکر و بیان از پروفیسور صاحب جانبداری می کند. در یکی از برنامه ها که من ویدیوی آن برنامه را دارم یک

آغا بـه نـام پروفیسـور آمـد و بحـث روی فضلیـت رمضـان بـود و همیـن کـه شـروع کـرد گفـت از روزه گرفتـن کـرده نـه گرفتـن آن بهتـر اسـت. در حالیکـه قـرآن بعـد ازینکـه شـرایط را در نگرفتـن بیـان مـی کنـد مـی گویـد روزه گرفتـن بـه شـما بهتـر اسـت. حـالا وقتـی مـردم ازیـن نـوع پروفیسـورها ایـن همـه نادانـی را مـی شـنوند و خامـوش مـی ماننـد بـرای ایـن اسـت کـه مـردم بـی دانـش اسـت.

و ایـن حالـت جامعـه را شـدید بـه رکـود مواجـه مـی سـازد. ورنـه مـا از دیگـران چـه کمبـودی داریـم؟ عقـل نداریـم؟ اسـتعداد نداریـم؟ شـعور نداریـم؟ ذکاوت نداریـم؟ همـه چیـز را داریـم و امـا دانـش نداریـم. بـاز جالـب ایـن اسـت کـه یـک تعـداد زیـاد مـردم ماننـد طالبـان نمـاز مـی خواننـد و روزه مـی گیرنـد و در حالیکـه مـا نـه نمـاز را بـرای خـدا مـی خوانیـم وِ نـه روزه را بـرای خـدا مـی گیریـم زیـرا خـدا بـه روزه و نمـاز مـا اصـلا احتیـاج نیسـت. بـا اینکـه بـرای اینکـه مـردم را تشـویق بـه نمـاز و روزه کـرده باشـد بـرای نمـاز گـزاران و روزه گرفتـگان پـاداش میدهـد و مـی گویـد روزه از مـن اسـت و پاداشـش را میدهـم. امـا دقیـق بایـد بدانیـم کـه ایـن عبـادات بـرای خوبـی و شـادابی و صحتمنـدی و طـراوت و مهمتـر از همـه آزادی خـود مـا از اسـتثمار اسـت. و اگـر مـا روزه میگیریـم و یـا نمـاز میخوانیـم و امـا عبـادت را بـدون علـم مـی کنیـم مطلـق بـی نتیجـه اسـت. حضـرت رسـول کریـم (ص) مـی فرمایـد: " کسـی کـه بـی دانـش عبـادت کنـد چـون الاغ آسیاسـت."

وقتـی مـا عبـادت مـی کنیـم و هنـوز هـم قـوم پرسـت و شـخصیت پرسـت و مـادی پرسـت و گوسـاله پرسـت هسـتیم مـا بـه خـر آسـیا مـی مانیـم. و علـم تنهـا در دانشـگاه نیسـت. دانشـگاهی را دیدیـم و شـنیدیم کـه جفنـگ مـی گویـد. علـم واقعـی در فهـم قـرآن اسـت و هـر وقـت شـما بـه ایـن علـم چنـگ زدیـد بدانیـد کـه اصـل آزادی و کرامـت انسـانی را دریافتـه ایـد. هیـچ وقـت بـه شـعر و شـاعری و القـاب دانشـگاهی و غیـره فریـب نخوریـد زیـرا اینهـا بسـیار مـی توانـد فریـب دهنـده باشـد.

جمعه مبارک
چهارم نوامبر ۲۰۲۱

نـوت: ایـن نوشـته کوتـاه را بـه روح پـدرم، مرحـوم اسـتاد محمـد یونـس مشـهور بـه متخصـص کیمیـا هدیـه مـی کنـم زیـرا امـروز ۴ نوامبـر سـال وفـات اوسـت. روحـش شـاد و بهشـت بریـن جایـش بـاد.

حدیث شماره ۴۹

جمعه مبارک

سلام عزیزان

زندگی در غرب فشار های خود را دارد. مردم به اندازه مصروف هستند که حتی خود را فراموش کردند. مردم، زن و مرد در یک دوان دوان است. طبیعت نظام های دموکراسی لیبرال غربی در همین است که آنقدر مردم را با مسائل حق و ناحق مصروف ساخته که فکر نمیکند و حتی به یادش نه می آید که استثمار شده است. بسیار مردم حتی دو کار می کنند تا مخارج خود را پوره کنند. یکی ازین استثمار بدون اینکه خود ما متوجه شویم این است که ما، خود را به دست خود استثمار می کنیم و به خود ظلم می کنیم. متوجه صحت خود نیستیم، متوجه اینکه چه می خوریم نیستیم و مهمترین استثمار خودی این است که ما نماز را فراموش کردیم.

حضرت محمد (ص) فرموده است که: "نماز ستون دین است. اما باید بدانیم که دین چه است که نماز ستون آن است." دین تنها در مسائل فقهی و مذهبی که ساخته و بافته انسانهاست، نیست. اساساً چون همه جهان هستی مخلوق است پس همه نظام هستی دین است. در زبان عربی دین معانی مختلف دارد. اما مهمترین معنی آن این است که خود زندگی دین است. مخصوصاً که قرآن به وضاحت می گوید که جن و انس برای عبادت خلق شده است یعنی بندگی کردن.

از دید سقراط فیلسوف مشهور یونان انسان یک موجود " هایلو مورفیک" است. "هایلو" یعنی روحی و معنوی و "مورفیک" یعنی جسم. یعنی انسان از جسم و روح خلق شده است. وقتی این جسم و روح به توازن کلی می باشد که انسان عبادت کند. در همه ادیان رکن اول آن عبادت است تا همین توازن کلی روح و جسم به وجود بیاید و انسان به پیش برود. وقتی این توازن بر

هـم خـورد، جگـر خونـی هـا بـروز مـی کنـد. امـروز مـردمِ صـد هـا دالـر را مصـرف مـی کننـد و کـورس هـای یوگـه را کـه اساسـاً تمرکـز جسـم و روح اسـت مـی گیرنـد در حالیکـه نمـاز خـود بـرای همیـن فـرض شـده تـا انسـان مصـروف، یـک تـوازن جسـم و روح داشـته باشـد در غیـر آن خـدا بـه نمـاز مـا احتیـاج نـدارد کـه بخوانیـمٍ و یـا و نخوانیـم. اینکـه نمـاز مـا را از بـدی هـا بـه دور مـی کنـد اصـلاً عـدم تمرکـز فکـری را کـه بـد تریـن بـدی اسـت، دور مـی کنـد. درسـت اسـت کـه نمـاز فـرض اسـت و مسـلمان بایـد ادا کنـد و امـا ایـن فـرض بـه ایـن گونـه نیسـت کـه بـه عجلـه خوانـده شـود و یـا بـدون تمرکـز فکـری خوانـده شـود و یـا بـدون آداب خوانـده شـود. ایـن فـرض اسـت تـا انسـان خـودش را خوبتـر بشناسـد و بـا نمـاز اسـتقرار فکـری پیـدا کنـد تـا در زندگـی موفـق شـود.

جمعه مبارک
شهر سان دیاگو
۱۲ نوامبر ۲۰۱۲

حدیث شماره ۵۰

جمعه مبارک

سلام عزیزان

با اینکـه طالبـان مشـروعیت شـرعی در افغانسـتان ندارنـد زیـرا نـه مـردم بـه ایشـان بیعـت کـرده اسـت و نـه تـا حـال جامعـه بیـن المللـی ایشـان را بـه رسـمیت شـناخته اسـت و امـا در افغانسـتان قـدرت سیاسـی را بـه دسـت دارند.

طالبـان کـه از ایدیولـوژی "دوق" یعنـی خمیـر از دیوبنـدی اسـتعماری هنـد برتانـوی، وهابـی سـعودی و قومـی اسـت، پیـروی مـی کننـد هـر روز در مطبوعـات و رسـانه هـا دروغ مـی گوینـد. بـه وعده هـای کـه بـه مـردم و جامعـه مدنـی و بیـن المللـی داده انـد سـه مـاه گذشـت و امـا وفـا نکـرده انـد. فقـر مـردم و بیچارگـی مـردم بـرای شـان معنـی نـدارد. ۹ ملیـارد دالـر افغانسـتان توسـط آمریـکا منجمـد سـاخته شـده اسـت بـه خاطـر کـه طالبـان بـه درخواسـت جامعـه بیـن المللـی وقتـی نـه مـی گذارنـد و مـردم از فقـر هـلاک مـی شـوند. جالـب ایـن اسـت کـه درخواسـت جامعـه بیـن المللـی همـه بـه مـوازیـن اسـلام برابـر اسـت یعنـی تسـاوی حقـوق مدنـی زنـان بـا مـردان، آزادی بیـان و قلـم کـه هـر دو موضـوع در قـرآن ذکـر شـده اسـت. افغانسـتان از یـک فسـاد نظـام تکنوکـرات هـا خـلاص شـد و بـه یـک نظـام کـه فاسـد تـر اسـت داخـل شـد زیـرا دیکتاتـوری در دیـن نیسـت و طالبـان بـه زور مـردم را وادار بـه قبـول دیـن مـی کننـد کـه ایـن خـلاف قـرآن و عدالـت اسلامـی اسـت.

از حضـرت رسـول کریـم (ص) علامـات منافقیـن را پرسـیدند، در جـواب گفـت کـه منافقیـن آنـان هسـتند کـه وقتـی سـخن مـی گوینـد دروغ مـی گوینـد، امانـت را خیانـت مـی کننـد و بـه وعـده وفـا نـه مـی کننـد. طالبـان هـر روز دروغ مـی گوینـد تـا جامعـه بیـن المللـی را بـرای شـناخت رسـمی افغانسـتان فریـب داده باشـند و بـه وعده هـا وفـا نکـرده انـد. پـس امـروز افغانسـتان یـک گـروه منافـق و دیکتاتـور

بـدون مشـروعیت سیاسـی ملـی و بیـن المللـی حکمرانـی مـی کنـد کـه بایـد مقابلـه صـورت گیـرد و افغانسـتان خـود را از یـک اسـتثمار بسـیار خطرنـاک بـه نـام دیـن و سـنت نجـات دهـد.

جمعه مبارک
۱۹ نوامبر ۲۰۲۱

حدیث شماره ۵۱

جمعه مبارک

سلام عزیزان

روزی خواندم که صداقت کار انسان های با ارزش است. جمله بسیار پر معنی بدین مفهوم است که صداقت و راستی را کسانی دارند که ارزش اخلاقی و تربیوی و مدنی دارند.

مطلب مهم در جمله بالا این است که آیا ما اول صداقت داشته باشیم و یا انسان با ارزش باشیم. پس مهم است تا انسان با ارزش را بدانیم که بتوانیم صداقت را شناسایی کنیم.

ارزش که امروز ها یک واژه ای مهم روانشناسی انسانی است و حتیِ جامعه شناسان هم استفاده میکنند زیرا عنوان Valeur و اصلا این واژه از زبان فرانسه در مطالعات انسانی شامل شده است نهایت ارزنده است. ارزش های انسانی صفات است که به انسان تعریف انسانیت را میدهد. از خود گذری و ایثار در راه مردم، مستقل بودن در افکار و گفتار، تقلید نکردن، با تقوی بودن، عشق ورزیدن و دوست داشتن، متکی بودن به خود، راست بودن با دیگران، تواضع داشتن، صبور بودن، افکار خود را مصالحه نکردن، و یکی از مهم ترین ارزش ها دِر زندگی مسلمان و غیر مسلمان همین ارزش ایمانی است و اساساً همین ارزش ایمانی است که وقتی مصالحه شد صداقت و راستی از بین می رود و این ارزش ایمانی است که به انسان متعهد ارزش انسانی و انسانیت میدهد. امام غزالی علیه الرحمه در کتاب احیاء علوم الدین از حضرت عیسی (ع) نقل قول میکند تا یک ارزش انسانی را به تمثیل کشیده باشد. من هم از عیسیویت نقل قول می کنم که به باور عیسیویت حضرت عیسی به خاطر ایثار به مردم به دار آویخته می شود و یا حضرت امام حسین (رض) به خاطر عدالت شهید می شود. این ارزش ها، ارزش های ایمانی است نه غیر آن. پس وقتی ارزش ها به حد اعلی برسد صداقت نوده می زند و به پایه کمال می رسد. صداقت

را نمی توان در انسان های بی ارزش سراغ کرد. انسان های که منافع سیاسی و شخصی شان بالا تر از منافع مردم و حقوق حقه مردم است. و یا احترام نگذاشتن به ارزش های مردم حتی که از نزدیکان باشد. عشق ها و دوستی ها می تواند به خاطر ارزش ها زیر پا نهاده شود تا به روز رستاخیز. حضرت رسول کریم (ص) فرموده است که: "صداقت مایه آرامش است و دروغ مایه تشویش." صداقت نه تنها یک ارزش است، کار دل است. و برای ارزش ها باید صادق بود حتی که ما به هلاکت رسیم. محمد مصطفی (ص) فرموده است که: "صادق باشید اگر چه پندارید که مایه هلاک است." انسان های صادق به خاطر ارزش ها قربانی میدهند و این ارزش ها سرچشمه آن نه تنها در دین اسلام بلکه همه ادیان ایمان است و مثال ما مارتین لوتر کینگ فقید رهبر سیاه پوستان آمریکا است (عیسوی)، گاندی هند (هندو) و مالکم اکس رهبر سیاه پوست مسلمان آمریکایی (مسلمان.)

انسان های بی ارزش هرگز قد اعلم نه می کنند حتی که بسیار تحصیلکرده باشند زیرا صداقت بنیاد کار شان نیست و اما انسان های با ارزش شاید رنج و محنت و زجر و شکنجه روحی و جسمی را تحمل کنند و اما بلاخره به هدف می رسند زیرا یک ارزش بزرگ انسانی امید به خداوند است.

جمعه مبارک
۲۶ نوامبر ۲۰۲۱

حدیث شماره ۵۲

جمعه مبارک

سلام عزیزان

هفتـه ای گذشـته دعـوت شـده بـودم تـا نـکاح یکـی از عزیـزان را عقـد کنـم.

یـک دختـر جـوان بعـد از عقـد نـکاح نزدیـک مـن شـد و گفـت: " اسـتاد چـرا لبـاس دختـران در وقـت نـکاح سـبز اسـت؟" ایـن سـوال از مـن قبـلاً هـم شـده بـود و مـن در یکـی دو برنامـه تلویزیـون جـواب گفتـه بـودم. اینبـار جـواب را خواسـتم بـا شـما هـم شـریک شـوم کـه چـرا دختـران مخصوصـاً از شـهر کابـل یعنـی کابلیـان در وقـت عقـد نـکاح لبـاس سـبز بـه بـر مـی کننـد.

لبـاس سـبز در اسـلام هـم جنبـه تاریخـی دارد و هـم روحـی.

بسـیار جالـب اسـت کـه امـروز در روانشناسـی رنـگ هـا یـک مبحـث بسـیار عمـده اسـت و تاثیـرات شـگرف بـالای مغـز دارد. مخصوصـاً کسـانیکه مبتـلا بـه تکالیـف افسـردگی و جگرخونـی و فشـار روحـی هسـتند، طبیبـان خـوردن سـبزیجات کـه رنـگ سـبز تیـره داشـته باشـد و تماشـای نباتـات سـبز را توصیـه میکننـد کـه اگـر در حویلـی ندارنـد بایـد در آپارتمـان داشـته باشـند.

دلیل تاریخی رنگ سبز:

زمانیکـه حضـرت محمـد مصطفـی (ص) هجـرت میکـرد، در دهـن دروازه خانـه آن حضـرت کفـار بودنـد تـا او را بـه قتـل رسـانند. قبـل از برآمـدن، پیامبـر لبـاس سـبز رنـگ بـه تـن داشـت. لبـاس خـود را بـه حضـرت علـی (رض) دامـاد اش داد تـا بـه تـن کنـد و در بسـتر پیامبـر اسـتراحت کنـد. پیامبـر بـه علـی (رض) گفـت: ایـن را بـه تـن کـن تـا در امـان خـدا باشـی. ایـن کار جامـه عمـل پوشـید و پیامبـر اقامتـگاه اش را تـرک کـرد و کفـار حتـی متوجـه نشـدند کـه او از منـزل برآمـده اسـت. بـه اسـاس ایـن روایـت تاریخـی، رنـگ سـبز، رنـگ ظفـر و کامیابـی و پیـروزی و

بخت خوب است. کشور های اسلامی، یک عده بیرق های شان سبز است. بیرق افغانستان هم یک تکه رنگ سبز دارد.

قبل ازینکه دانشمندان روانشناسی تاثیرات رنگ ها را در قرن بیستم مطالعه کنند رنگ سبز در اسلام مطرح بود و حضرت رسول کریم (ص) فرموده است: " به سبزه نگریستن بینایی را فزون می کند." (حدیث شماره ۳۱۵۸، نهج الفصاحه، مجموعه کلمات قصار حضرت رسول کریم (ص) با ترجمه فارسی اثر ابوالقاسم پاینده.)

خالی از دلچسپی نیست که طبیعت که ما زندگی می کنیم رنگ سبز، رنگ عمده به شمار می رود. امروز میز پینگ پانگ را سبز رنگ می کنند. اکثر میدان های بازی تینس رنگ سبز دارد. شادابی و طراوت در سر سبزی است.

حدیث فوق ۱۴۰۰ سال قبل موضوع روانشناسی رنگ را مطرح ساخته است که شگفت انگیز است.

برای مطالعات روانشناسی اسلامی لطفاً کتاب این محقق را زیر عنوان مبانی روانشناسی اسلامی به زبان انگلیسی مطالعه کنید. درین کتاب، بنده، ساینس روانشناسی را به رویت قرآن و حدیث تشریح کرده ام.

جمعه مبارک
سوم دسامبر ۲۰۲۱

حدیث شماره ۵۳

جمعه مبارک

سلام عزیزان

از دید قرآن مجید انسان آزاد خلق شده است و خودش تصمیم میگیرد که ایمان داشته باشد یا نداشته باشد. انسان مسؤل گناه خود است. انسان از نگاه اسلام یک موجود خود مختار است.

طالبان نادان دین را سر مردم تحمیل می کنند در حالیکه دین تحمیل نمیشود. قرآن می گوید: "لا اکراه فی الدین" یعنی نگذار در راه دین اجبار باشد. مشکل کار در کجاست؟ مشکل درین است که تحمیل دین مردم را به دروغ و ریا تشویق می کند. و دروغ و ریا گناه کبیره است. اما مردم گنهگار نه می شوند برای اینکه کسی که بر او فشار آورده شود او گنهکار محسوب نمیشود زیرا اختیار مردم را با دیکتاتوری غصب می کنند و دین اسلام دیکتاتوری نیست. مثل اینکه در اسلام اعتراف جرم با فشار وجود ندارد. اما کسی که این فتوی های احمقانه را مانند وزارت نامنهاد طالبان، (نامنهاد برای اینکه نظر به شریعت اسلام و قوانین بین المللی مشروعیت سیاسی ندارند.)

تحمیل دین مردم را زیادتر حریص به خرابکاری میکند زیرا وقتی به مردم فشار آورده شود و حتی محروم شوند و منع شوند زیاد تر گناه میکنند. حضرت رسول کریم (ص) فرموده است: "آدمیزاد بر هر چیزیکه از آن منع شده سخت حریص است." (حدیث شماره ۵۷۱. نهج الفصاحه: کلمات قصار حضرت رسول کریم (ص) متن عربی و فارسی. مترجم و فراهم آورنده ابوالقاسم پاینده.) بنده از نهج الفصاحه نقل قول می کنم زیرا احادیث کوتاه پیشوای اسلام را پیشکش مسلمانان می کند.

حدیث فوق جنبه روحی و روانشناسی دارد که در شرایط امروز حایز اهمیت فراوان است. مهمترین اهمیت حدیث این است که

مـردم از دیـن فـرار مـی کننـد وقتـی از حـق زندگـی محـروم شـوند و خـود شـان بـرای خـود تصمیـم گرفتـه نتواننـد. مخصوصاً جهان غـرب بـه انسـان امـروزی زیـر عنـوان دموکراسـی، آزادی هـای فـردی را وعـده میدهـد. و چـون قسـمیکه در بـالا تذکـر دادیـم از دیـد اسـلام نیـز، انسـان آزاد خلـق شـده اسـت و وقتـی انسـان از آزادی محـروم شـود تاثیـر بالعکـس دارد. دوم اسـلام را بـد نـام مـی کننـد زیـرا جوانـان و مـردم کـه از مدنیت اسلام بیخبـر هسـتند چنیـن تصور مـی کننـد کـه دیـن اسـلام دیـن اسـارت اسـت در حالیکـه جنـگ بـدر در اسـلام بـه خاطـر آزادی فکـری بـه پا خاسـت کـه مـردم خودشـان در مـورد کفـر و ایمـان تصمیـم بگیرنـد.

بدتریـن اسـارت، اسـارت دینـی اسـت کـه امـروز مـردم بـه نـام دیـن و سـنت بـه گـروگان گرفتـه شـده انـد و چـون اسـلام دیـن آزادی اسـت جهـاد مسـلحانه در مقابـل طالبـان فـرض اسـت.

جمعه مبارک
دهم دسامبر ۲۰۲۱

حدیث شماره ۵۴

جمعه مبارک

سلام عزیزان

دنیــا، عجــب دنیــای اسـت. انسـان خـودش را فرامـوش مـی کنـد. خدایـش را فرامـوش مـی کنـد. بـه آنانیکـه مسـئولیت دارد فرامـوش مـی کنـد. مثـلاً یـک پـدر مسـئولیت اولاد را فرامـوش مـی کنـد و یـک رئیـس دولـت مسـئولیت رعیـت را.

اساساً انسـان یـک موجـود مسـؤل خلـق شـده اسـت و بایـد مسـئولیت پذیـر باشـد. ایـن مسـئولیت هـای ماسـت کـه مـا را انسـان هـای متعهـد بـه زندگـی مـی سـازد. مسـئولیت هـای ماسـت کـه مـا را در خانـواده، اجتمـاع و حتـی تاریـخ یـک کشـور سـر بلنـد و سـرفراز و یـا سرمشـار مـی سـازد. فـرار از مسـئولیت هـا انسـان را در دنیـا و آخـرت شرمسـار مـی سـازد و در دیـن مـا گنـاه بـزرگ شـمرده مـی شـود. رسـول کریـم (ص) فرمـوده اسـت کـه: " اگـر کسـی امـور و کار مسـلمانان را بدسـت گیـرد و در کار آنهـا ماننـد کار خـودش دلسـوزی نکنـد، بـوی بهشـت بـه او نخواهـد رسـید." اشـرف غنـی در امتحـان خـدا و تاریـخ قـرار گرفـت. در امـور مسـلمان غفلـت کـرد. قـوم پرسـتی او و خویـش خـوری هـای کـه حتـی عمـوی هشـتاد سـاله اش را سـفیر روسـیه مقـرر کـرد مثـل اینکـه در کشـور قحـط الرجالـی بـوده باشـد. واقعـاً در نظـام دموکراسـی بسـیار مضحـک اسـت کـه شـعار آن کرسـی مـردم، از طـرف مـردم بـرای مـردم اسـت و عمـوی رئیـس جمهـور سـفیر شـده بـود. نظـام بیسـت سـاله افغانسـتان اتنوکراسـی بـود نـه دموکراسـی.

اشـرف غنـی بـا زیـر دسـتان بـه نیرنـگ و فریـب رفتـار کـرد و جالـب اینکـه همیشـه یـک تسـبیح در دسـت داشـت تـا مـردم را فریـب داده باشـد کـه شـخص بـا تقـوی اسـت. رسـول کریـم (ص) فرمـوده اسـت " هـر کـه بـا زیـر دسـتان خـود بـه نیرنـگ رفتـار کنـد اهـل جهنـم اسـت." نظـر بـه ایـن احادیـث و آنانیکـه از دل بـه قـرآن مجیـد و سـخنان گهربـار پیشـوای اسـلام اعتقـاد دارنـد، اشـرف غنـی در آن دنیـا

هـم دم خـوش نخواهـد زد. خداونـد حـق خـود را مـی بخشـد و امـا حـق بنـدگان مظلـوم کـه حقـوق شـان پایمـال شـده باشد نـه مـی بخشـد (حـق الله و حـق العبـد.) قـوم پرسـتی، خویـش خـوری و نیرنـگ همـه یـک سـو و اینکـه فـرار کـرد آبـروی افغانسـتان را مصالحـه کـرد و کشـور را تسـلیم چنـد نفـر نـادان دو دسـته بـه خاطـر قـوم گرایـی تسـلیم کـرد و نـه تنهـا افغانسـتان را بـد نـام کـرد اسـلام را بـد نـام کـرد. بـه گفتـه ای یـک دختـر جـوان و نازنیـن افغانسـتان کـه یـک ویدیـو کلپ جالـب تهیـه کـرده اسـت و بـه اشـرف غنـی گفتـه کـه طـلا و لاجـورد و مـس افغانسـتان را دزدی میکـردی و فـرار میکـردی و امـا تـو آبـروی افغانسـتان دزدی کـردی و فـرار کـردی. حضـرت رسـول کریـم (ص) در حدیـث دیگـری کـه در رابطـه بـه اشـرف غنـی فـراری اسـت چنیـن فرمـوده اسـت: ” سـه گنـاه اسـت کـه بـا وجـود آن هیـچ کار نیکـی سـودمند نیسـت: شـریک دادن بـه خـدا، ناخشـنودی پـدر و مـادر و فـرار از جنـگ!“

جمعه مبارک
۱۷ دسامبر ۲۰۲۱

حدیث شماره ۵۵

جمعه مبارک

سلام عزیزان

اسلام ۱۴۰۰ سال قبل به علم ارزش نهایت زیاد قایل شد و قرآن از مسلمانان خواست که برای آموختن علم دعا کنند و چنین به مردم خطاب کرد "وقل رب زدنی علما" یعنی الها بر علم من بیفزای. این علم تنها از بر کردن قرآن و چند حدیث نبوده و نیست. و مسائل فقهی قطعاً نیست زیرا مسائل فقهی تراوش های ذهنی دانشمندان است که کوشش کرده اند تا تا استدلال خود را داشته باشند. طور مثال امام ابوحنیفه علیه رحمه نماز خفتن را تا سحرگاه روا میداند و اما امام شافعی علیه الرحمه نماز خفتن را بعد از دوازه شب روا نه می داند. یک کودک ده ساله هم این استعداد را دارد تا سی جز قرآن را از بر کند. نزدیک به صد حدیث از پیشوای اسلام حضرت محمد مصطفی (ص) در متون حدیث در باره علم، اهمیت علم، مسئولیت عالم و زوال عالم درج است.

مشکل عمده بین مسلمانان به شمول مذهبیون این است که اول علم قرآن را جدا از دیگر علوم میدانند و مشکل تحصیل یافته این است که قادر نیست تا علم را که تحصیل کرده مثلاً بیالوژی این را به قرآن نسبت دهد.

وقتی ما توحید را مطالعه می کنیم هیچ چیز از هم جدا نیست. یعنی جهان هستی همه با هم ارتباط دارد و هیچ چیز نظر به نص قرآن به باطل آفریده نشده است و جالب اینکه قرآن می گوید همه چیز. اساس علمی دارد. پس همه جهان هستی علم است و دین از نگاه توحید یعنی همه جهان هستی. به این اساس عالم دین آن نیست که قرآن و حدیث را از بر کرده باشد. عالم دین اوست که در یک بخش از جهان هستی نه تنها مهارت فهم و درک و دانش حاصل کند، در کنار رشته تخصصی اش از طریق

قرآن بازگو کند. چنانچه همچو علما بین قرن نهم الی دوازدهم در اسلام عرض اندام کرد. طور مثال الکهل به حیث یک ماده وقایوی از کشفیات مسلمانان است یعنی شیخ رازی. الکهل مانند الجبر واژه عربی است نه اینکه لاتین باشد. مثلاً ما آیه ” علقه“ را در قرآن داریم. استاد بیالوژی باید این را تشریح کند. یا قرآن از تیوری سود و نظام اقتصادی سخن می گوید عالم اقتصاد باید سود را که منحیث یک انگاشت اقتصادی در قرآن تذکر داده شده است از نگاه Microeconomic یعنی اقتصاد سطح کوچک و یا Macroeconomic یا اقتصاد سطح وسیع تشریح کند. عالم دین در اسلام آن است که مسائل را به اساس علم ارزیابی کند. با افتخار می توانم بنویسم که برادر من پروفیسور محمد شفیق یونس استاد فرمکولوژی و نباتات طبی در کشور فرانسه تا حال ده جلد کتاب در رابطه به اسلام و نباتات و ساینس نوشته است تا ثابت کرده باشد که نمی توان اسلام را و علم و ساینس را، از قرآن مجید به دور دانست. این همه تحقیقات از کتاب های که به فرانسوی نوشته شده است جداست. عالم دین در اسلام هیچ چیز را از دین جدا نه می داند و اگر این تصور خام را داشته باشد العیاذ بالله توحید را تکه تکه کرده است و متاسقانه این موضوع در جهان اسلام امروز اتفاق افتاده است که پروفیسور، دکتور و دانشمند قادر نیست تا رشته اختصاصی اش با دین توافق دهد و استدلال کند. لغزش عالم اسلامی در همین است که قادر نشده است ازین جهان هستی یکی بخش آنرا درست تحصیل کند و آنرا با قرآن تطابق دهد. حضرت رسول کریم (ص) فرموده است که: ” از لغزش عالم بپرهیزید که لغزش او در آتش نگون سارش خواهد کرد“ (حدیث شماره ۹۶ نهج الفصاحه: کلمات قصار حضرت رسول اکرم (ص) با ترجمه فارسی؛ مترجم و فراهم آورنده ابو القاسم پاینده.)

لغزش یک عالم دین اعمال ضد اخلاقی تنها نیست بلکه دین است که قرآن را با علوم هستی تطابق داده نه می تواند و یا قادر نیست تا شرایط زمان و مکان را مد نظر گیرد و یا تفکیک درست علم کند. چنانچه در یک کنفرانس بین المللی در استرالیا دعوت

شده بودم و روز جمعه رفتم مسجد. امام جوان هی از حرام بودن الکهل صحبت میکرد بدون اینکه توجه کرده باشد که الکهل حرام نیست و هر روز در بیمارستان ها استفاده می شود و کاشف آن یک مسلمان بود و این خمر است که حرام است.

جمعه مبارک
۲۳ دسامبر ۲۰۲۱

حدیث شماره ۵۶

جمعه مبارک

سلام عزیزان

یکی از اساسأت دین اسلام اعتقاد به پیامران اولوالعزم مانند حضرت عیسی (ع) است. گاهشماری مسیحی یا تقویم میلادی در ۹۵ در صد کشور های جهان تطبیق می شود. این تقویم به اساس میلاد حضرت عیسی (ع) می باشد گرچه تاریخ دقیق تولد حضرت عیسی (ع) معلوم نیست. بیست و چهارم دسامبر یک تاریخ تخمینی و یا ساختگی است. به هر حال، بر مسلمانان واجب است تا ادیان دیگر را به رسمیت شناسند و دین شان را حرمت نهند.

منشور نامه حضرت رسول کریم محمد مصطفی (ص) به راهبان عیسوی صومعه ء سنت کاترین که در سال ۶۲۸ میلادی تقدیم شد برای ما مسلمانان حائز اهمیت است، مخصوصاً که نیت یک عده درین مقطع تاریخ جهان و اسلام به جز تکثیر تبعیض و تعصب چیزی دیگری نیست. در حالیکه تاریخ اسلام نه تنها غلو و تعصب را در دین مجاز نمی داند ادیان را محترم می شمارد. سه ماده ء ازین منشور را از کتاب تاریخ اسلام از ۵۷۰ الی ۱۹۵۰ عیسوی اثر دکتور اکرم ظهور نقل قول می کنیم:

" هیچکس حق ندارد عبادتگاه شانرا تخریب کند، صدمه برساند و یا اجناس آنها را به خانه های مسلمانان انتقال دهد."

" شوهر [مسلمان] مانع شده نه می تواند که زن کلیسا نرود و یا عبادت نکند."

" بر حق، که من، خدمتکاران دین، انصار و پیروان من از ایشان دفاع می کنیم برای اینکه عیسویان شهروندان من اند. به نام خداوند که من هر آنچیزیکه ایشان را ناراضی بسازد در مقابله خواهم بود."

امروز که ما درین کشور ها زندگی می کنیم درست است که

کرسمس را تجلیل نه می کنیم زیرا ما مسلمان هستیم و اما در سال نو باید به همسایگان، دوستان و همکاران عیسوی تبریک گوییم و همیشه کوشش کنیم تا با همه با صلح و صفا که اصل تعریف اسلام است زندگی کنیم.

جمعه مبارک
۳۱ دسامبر ۲۰۲۱

حدیث شماره ۵۷

جمعه مبارک

سلام عزیزان

امـروز کـه حدیـث هفتـه را مـی نویسـم روز ششـم جنـوری ۲۰۲۲ میـلادی اسـت و یـک سـال از هجـوم وحشیانه یـک گـروه متعصب و تبعیـض گـرا بـرای اینکـه در انتخابـات آمریـکا تقلـب صـورت گرفتـه اسـت، بـر کانگـرس آمریـکا سـپری مـی شـود.

از نـگاه انتـروبولـوژی یـا بشر شناسـی فرهنگـی مـردم یـک کشـور همـان قسـم کـه هسـتند رئیـس دولـت شـان هـم اسـت. شورشیان نشان دادنـد کـه میخواهنـد رئیـس شـان ماننـد خـود شـان قومـی و متعصب و تندگـرا باشـد.

حکومـت داری یکـی از هنـر هـای اسـت کـه بایـد عادلانـه باشـد. بـا مردم بـه عـدل رویـه شـود. حاکـم یـا رئیـس جمهـور عـادل باشـد و مـردم را بـه یـک نظـر ببیننـد. متأسـفانه در دموکراسـی غربـی مسـله عدالـت زعیـم قطعـاً مطـرح نیسـت و هـر کـس مـی توانـد خـودش را کاندیـد کنـد. خـواه فاسـد باشـد خـواه تبعیـض گـرا باشـد و یـا خـواه متعصب باشـد و یـا زن سـتیز باشـد مهـم نیسـت تـا جایکـه بتوانـد مـردم را بـا سـخنان چـرب و نـرم فریـب دهـد و مـردم سـاده دل بـه او رای میدهند. ترمپ مثـال برجسـته ایـن صحنـه انتخاباتـی بـود. هیتلـر آلمانـی بـه زور تـوپ و تفنـگ بـه قـدرت نرسـید و امـا انتخابـات و رای حـزب او کـه برنـده شـد و چـون قسـمیکه گفتیـم در دموکراسـی غربـی اهلیـت، عزت، لیاقـت و اخـلاق مطـرح نیسـت و دیـده شـد کـه هیتلـر نیـم جهانِ را بـه آتـش کشـید. وقتـی مـردم بـه رئیـس شـان رای میدهند اصـلاً خـود را در او مـی بیننـد. آرزو هـای خـود را در او مـی بیننـد و تصـور میکننـد کـه بـه بهتریـن شـخص رای داده انـد. در حالیکـه نمیداننـد کـه فریـب خـورده انـد. در انتخـاب رئیـس دولـت دکتـورا و تحصیـلات عالـی پـول و ثـروت نبایـد نقـش داشـته باشـد و امـا عدالـت مردمـی.

در افغانستان هم دیدیم که مردم (گرچه که انتخابات قلابی بود) مردم به اشرف غنی و کرزی رای دادند و این دو نفر به کمک خلیل زاد کشور را به مانند هیتلر به منجلاب بدبختی کشاندند.

حضرت رسول کریم (ص) فرموده است که: "چنانکه هستید بر شما حکومت کنند" (حدیث شماره ۲۱۸۲ ماخذ نهج الفصاحه.) وقتی مردم طالبان را قبول کنند نظر به حدیث فوق همان اندیشه طالبانی دارند که ان شاء الله این آرمان بر آورده نخواهد شد.

در نظام مردمی چه اسلامی باشد و یا چه غربی باشد عدل مطرح است. خداوند در قرآن کریم سوره نساء آیه ۵۸ می فرماید "و اذا حکمتم بین الناس آن تحکموا بالعدل،" یعنی و چون میان مردم حکم کردید به عدل حکم کنید.

متأسفانه امروز در افغانستان هم به نام دین و سنت قدرت را بطور غیر مشروع گرفته اند (زیرا مردم به طالبان بیعت نکرده است و کسی به ایشان رای هم نداده است.) حضرت علی (رض) در زمان خلافت اش گفته بود که تا مردم به او رای ندهند خلافت را قبول نه می کند. این بدین معنی است که در مردم سالاری اسلامی یا دموکراسی اسلامی نه تنها که زعیم به رای مردم انتخاب شود بلکه برای زعیم باید رای داد و زعیم باید عادل باشد. ترجمه اساسی دموکراسی مردم سالاری است و بهترین تعریف مردم سالاری یا دموکراسی را ابراهام لینکن شانزدهمین رئیس جمهور ایالات متحده آمریکا به جامعه بشری پیشکش کرد که "کرسی مردم از طرف مردم برای مردم."

چرچیل صدراعظم انگلیس حتی صنف دوازدهم را خلاص نکرده بود و اما خلاف توقع از بزرگترین و مشهور ترین صدراعظمان انگلیس به شمار می رود و اشرف غنی دکتورا داشت و شما مقایسه کنید وقتی یک زعیم برای ملت خود کار می کند و اویکه ملت را به یک گروه جاهل مصالحه می کند.

عدل در فرهنگ ما این باید باشد که زعیم تعصب قومی، زبانی و جنسیتی و مذهبی نداشته باشد و همه را به حیث شهروند کشور

بشناسـد کـه ایـن آرزو تـا حـال نـه در دموکراسـی غربـی نهادینـه شـده
اسـت زیـرا در دموکراسـی غربـی اکثریـت و اقلیـت اسـت و ایـن خـود
یـک تبعیـض اسـت و دموکراسـی اسـلامی کـه تـا حـال وجـود نـدارد.

سابق استاد بشرشناسی فرهنگی خاور میانه و فلسفه اسلامی در دانشگاه ایالتی کلیفورنیا و
مولف کتاب دموکراسی اسلامی
جمعه مبارک
۶ جنوری ۲۰۲۲

حدیث شماره ۵۸

جمعه مبارک

سلام عزیزان

امروز کشــور بــه خاطــر بــی کفایتــی و جهالــت و نوکــری طالبـان بـه پاکسـتان و خیانـت سـران مجاهدیــن و تحصیـل یافتـه هـای فروختـه شــده بـه فقـر مواجـه شـده اسـت و ایـن فـرض ماسـت کـه دریـن مقطـع تاریـخ افغانسـتان از هیچگونـه کمـک بـه مـردم فقیـر و مسـتمند کشـور حتـی کـه ده دالـر مـی شـود دریـغ نـه کنیـم. در تاریـخ اسـلام میخوانیـم کـه حضـرت ابوبکـر صدیـق (رض) همـه سـرمایه اش را در راه اسـلام و مـردم بـه مصـرف رسـانید و داسـتان حضـرت علـی (رض) بـا همسـر گرامـی اش بـی بـی فاطمـه (رض) زهـرا بسـیار آموزنـده اسـت در زمانیکـه امـروز همـه بـه ثـروت انـدوزی مصـروف هسـتند. صدقـه فرامـوش شـده اسـت. فقیـر فرامـوش شـده اسـت. زکات فرامـوش شـده اسـت زیـرا دیـن دریـن بیسـت سـال اخیـر توسـط سـران مجاهدیـن طالبـان و تحصیـل یافتـگان بـی ارزش مصالحـه شـد و نتیجـه اش فقـر و بدبختـی اسـت.

در تاریـخ مـی خوانیـم کـه حضـرات گرامـی علـی و فاطمـه (رض) میخواسـتند غـذا صـرف کننـد کـه دق البـاب شـد. در را بـاز کردنـد و فقیـری کمـک میخواسـت. غـذای خـود را بـه فقیـر دادنـد. فـردا بـاز همیـن داسـتان تکـرار شـد و پـس فـردا هـم چنـان. سـه روز ایشـان غـذای خـود را بـه فقـرا دادنـد و خـود شـان روزه گرفتنـد. ایـن داسـتان انسـانیت را در اعلـی علییـن نشـان میدهـد.

امـا در افغانسـتان دیدیـم کـه یکـی بعـد از جهـاد سـاعت ده هـزار دالـری بسـته مـی کنـد. دومـی دریشـی هـای آخریـن مـود و بـی انتهـا قیمتـی بـه بـر مـی کنـد و سـومی کـه او را آمریکایـی هـا خریدنـد بـا صـد نفـر گـروه محافـظ در یـک قصـر زندگـی مـی کنـد و بـه خاطـر روحیـه

قومـی و قبائلی بـه طالبـان اقتـدا مـی کنـد و بـا کمـال بیشرمی نمـاز ادا مـی کنـد و اویکـه در مـاه محـرم بـه سـینه مـی زنـد دیدیـم کـه شـهادت امـام حسـین (رض) را مصالحـه مـی کنـد و بـه یـک دسـتگاه فاسـد بـه خاطـر مقـام و جـاه و جـلال بیعـت مـی کنـد. امـا مسـلمانان بـه اسـاس خیانـت هـای اینهـا کـه روزی در فهرسـت معاشـات CIA بودنـد و یکـی بـه قـوت لابـی یهـود بـه قـدرت رسـید و دیگـر بـه خاطـر روحیـه قومـی و دسـت داشـتن بـه یونیـکال بـه قـدرت رسـید و مـردم فرامـوش شـدند.

فقـر امـروز ثمـره بیسـت سـال خیانـت همـه جوانـب ذیدخـل اسـت کـه بـه جـای همـکاری و آبـادی بـه انتحـاری و نوکـری پاکسـتانی و آمریکایـی و سـعودی پرداختنـد و امـروز طالـب نـادان ایـن بدبختـی را بـا از دسـت گرفتـن مـردم از کار و بیـوه را خانـه نشـین کـردن و جـوان را فـراری دادن کشـور را مواجـه سـاخت بـه شکسـت مطلـق اقتصـادی.

اینهـا خیانـت کردنـد و امـا الحمـدالله احسـاس انسـانی و دینـی مـا بیـدار اسـت و خداونـد و پیامبـر اکـرم بـه مـا راه صدقـه را آموختـه اسـت کـه دریـن شـرایط اگـر آنهـا خیانـت کردنـد و امـا بازهـم از راه صدقـه بـاز اسـت و مـا بایـد دسـت بـه دسـت هـم دهیـم و صدقـات را هـر چـه سـخاوتمند تـر بـه هموطنـان کمـک کنیـم.

عزیزان از شمال تا جنوب و شرق تا غرب کمک کنید.

میدانـم شـما در مـورد فوائـد صدقـه زیاد شـنیده ایـد. امـا در فرهنـگ مـا کـه از اسـلام بـه مـا رسـیده اسـت ، جوانمـردی اسـت. جوانمـردی تنهـا بـرای مـردان نیسـت بلکـه زنان هـم جوانمـردی مـی کنـد. مقـام جوانمـرد زن باشـد یا مـرد باشـد بـه پیـش خداونـد بسـیار بلنـد اسـت. ببینیـد کـه حضـرت رسـول کریـم چـه فرمـوده اسـت:

" از لغـزش جوانمـردان بگذریـد زیـرا بـه خـدای کـه جـان مـن بدسـت اوسـت، جوانمـرد مـی لغـزد و دسـت او در دسـت خداسـت."

در حدیـث دیگـر مـی فرمایـد: " دیـن جـز بـه جوانمـردی قـوام نمـی گیـرد."

عزیزان

ما همه در مقابل نه تنها امتحان خدا بلکه امتحان تاریخ قرار گرفته ایم. اگر ما ملت و مردم بی بضاعت را کمک نکنیم و جوانمردی نشان ندهیم نرد خدا و تاریخ شرمسار خواهیم بود. فقط یک خانواده را کمک کنید و به خود ثابت کنید که جوانمرد هستید.

جمعه مبارک
کلیفورنیا
۱۴ جنوری ۲۰۲۲

حدیث شماره ۵۹

جمعه مبارک

سلام عزیزان

یکی از زیبایی های شگفت آور قرآن مجید و حدیث که مطابقت به قرآن یا علم امروزی و عدالت و یا شخصیت والای پیشوای اسلام دارد این است که نظر به زمان و مکان تفسیر و تحلیل می شود. در غیر آن در زندگانی امروز نه قرآن به درد میخورد و نه حدیث. و این موضوع را قرآن کریم تایید می کند که علم در پیشرفت است و ایستادگی ندارد (سوره لقمان آیه ۲۷).

اما ما چطور می توانیم بدانیم که قرآن مجید و احادیث ثقه پیشوای اسلام می تواند با شرایط زمان و زندگانی امروز مطابقت داشته باشد؟ از طریق آموختن علم امروزی. مسلمانان بسیار پسمان شدند و به عقب رفتند زیرا طبقه مذهبی به علم امروزی توجه نکرد و تصور کرد که چند آیه و حدیث را از بر کند همین دین است. و فراموش کرد که قرآن گفته است الها بر دانش من بیفزای (سوره طه آیه ۱۱۴.) مذهبی در رشته های ساینس و دیگر علوم تخصص ندارد و این باعث شد تا نتواند دین را به اساس ساینس و علوم امروزی پیشکش مردم کند. در عین زمان اویکه ساینس و علوم امروزی را تحصیل کرد چون از قرآن بیخبر بود و است نتوانست تا قرآن را درک کند و فکر کرد که دین به علوم ربطی ندارد. مذهبی بدون علم و تحصیل یافته بدون درک قرآن جامعه مسلمان را نه تنها به رکود مواجه ساخت به نفاق و قوم گرایی و تعصب و تبعیض سوق داد .

علم امور اداره و کار یکی از اساسأت نظام اسلامی است که باید توجه کرد و درین رشته تحصیل کرد تا بتوان یک اداره را موفقانه به پیش برد. باید دور اندیش بود. و مسائل طوری سنجش شود تا یک اداره یا شرکت به معراج کمال رسد. روسای لایق و دانا دور اندیش می باشند تا ثمره کار خود را بیبینند. امروز پروژه ها

باید دوام مدت باشد تا اقتصادی تمام شود و یا بارور باشد که در رشته اداره این را Sustainability یاد می کنند. یا پروژه های دوام دار را Long Term Project یاد می کنند که این پروژه ها مزایای اجتماعی و اقتصادی خود را دارند. رسول اکرم (ص) سید المرسلین، رحمت للعالمین در مورد پروژه های دوام دار و یا Sustainable Project فرموده است: "محبوب ترین کار ها در پیش خدا کاریست که دوام آن بیشتر باشد اگرچه اندک باشد" (حدیث شماره ۷۳، نهج الفصاحه.)

امروز جامعه ای مسلمان به جوانان نیازمند است که قرآن و حدیث را به معیار علوم امروزی فرا گیرند تا بتوانند برای کشور شان مصدر خدمت شوند. یکی از بدبختی های کشور های عقب مانده که کشور های اسلامی هم شامل این عقب گرایی است تقلید از شرق و غرب است بدون اینکه دقت شود که تقلید کار ما را حل نمی کند. مولانا چه زیبا گفته است:

خلق را تقلیدشان برباد داد

ای دو صد لعنت برین تقلید باد!

ما که مسلمان هستیم. قرآن مجید و احادیث ثقه پیشوای اسلام برای ما بهترین مرجع است باید این دو را به اساسات علم امروزی مطالعه کنیم تا هم از تقلید به دور باشیم و هم از مسخ فرهنگی که از سالهاست ما با آن دست و پنجه نرم می کنیم و نتوانستیم خود را نجات دهیم در حالیکه قرآن و حدیث به پیش ماست.

بازهم از مولانا

آب در کوزه و ما تشنه لبان میگردیم

حدیث شماره ۶۰

جمعه مبارک

سلام عزیزان

حدیـث در لغـت یعنـی سخن. درین هفتـه سخن هفتـه از پیامبـر (ص) نیسـت بلکـه بـه جـای حدیث پیامبـر اسلام یـک موضوع مهم تاریخ اسـلام را در رابطـه بـه زندگـی فلاکـت بـار کـه طالبـان باعث شده انـد نقـل مـی کنیـم.

امـروز پنجشنـه ۲۷ جنـوری رئیـس جمهـور ایالات متحده آمریکا اعـلان کـرد کـه کاندیـد جدیـد در قـوه قضائیـه اعـلای کشـور یـک زن خواهـد بـود و آنهـم بـرای اولیـن بـار در تاریخ آمریکا یـک زن سیـاه پوسـت. آمریـکا خواسـت نشـان دهـد کـه نـه تنهـا حقوق مدنـی زنـان بـا مـردان یکـی اسـت در عیـن زمـان تعصب در مقابـل نـژاد و رنـگ و پوسـت نبایـد باشـد.

در اسـلام ۱۴۰۰ سـال قبـل بعـد از رحلـت حضـرت رسـول کریـم (ص) هفـت نفـر فقهـی یعنـی قاضـی در مدینـه عـرض انـدام کـرد کـه در بیـن ایـن هفـت نفـر یـک زن بـود بـه نـام بـی بـی عایشـه صدیقـه (رض) همسـرِ محبـوب پیامبـر اسـلام. حضـرت بـی بـی عایشـه (رض) مخصوصاً در مسائل فقـه خانوادگی نقـش بـارز بـازی کـرد. از اعطـا بـن ربـاح روایـت اسـت کـه گفتـه اسـت: "عایشـه فقیـه تریـن و عالـم تریـن و نیکـو تریـن مـردم در رای و نظـر بـود و مـردم چیـزی را کـه بعـد از رحلـت پیامبـر (ص) نمیدانسـتند از عایشـه سـوال میکردنـد."

اسـلام ۱۴۰۰ سـال قبـل بـه زن چـه مقـام شـامخ داد و امـروز طالبان نـادان چـه عمـل مـی کننـد. در فقـه حنفـی بـه اسـتناد. تاریخ بـی بـی عایشـه زنـان مـی تواننـد قاضـی شـوند. امـروز زن بـا شهامت افغانستان از همـه حقـوق کـه اسـلام برایـش داده اسـت زیـر عنـوان دیـن و سـنت محـروم اسـت و مـردم خامـوش هسـتند، جامعـه بیـن المللـی خامـوش اسـت. مـلا مسـجد خامـوش اسـت و ایـن خامـوشـی خیانـت بـه دیـن

است بـرای اینکـه چنـد تـن ظالـم بـه زور انتحـاری و معاملـه خارجـی بـه قـدرت رسـیدند و مـردم را از حقـوق حقـه انسـانی شـان محـروم کـرده انـد.

مـردم شـریف افغانسـتان بایـد بـرای آزادی مبـارزه کنـد. بـا زبـان، بـا قلم و حتـی بـا اسـلحه در غیـر آن افغانسـتان بـه نـام دیـن و سـنت قومـی و طالبانـی همانطـور کـه آلمـان هـای نـازی آلمـان را تبـاه کردنـد. طالبـان بـا نوکـری پاکسـتان، افغانسـتان را تبـاه خواهـد کـرد. دریـن مقطـع تاریخ افغانسـتان مـا هـم بایـد افغانسـتان و مـردم آنـرا نجـات دهیـم و هـم اسـلام را نجـات دهیـم.

جمعه مبارک
۲۷ جنوری ۲۰۲۲

حدیث شماره ۶۱

جمعه مبارک

سلام عزیزان

شرایط افغانستان فوق العاده همرای طالبان خراب است. شرایط بانوان کشور، فقر و بیچارگی و فرار مغز ها از کشور، و صد بدبختی دیگر. سازمان ها و گروه های مختلف پیشنهادات دارند به شمول خودم که این بار پیشنهادات خود را به انگلیسی نوشتم و تقدیم جامعه بین المللی کردم.

نه تنها افغانستان مشکلات دارد یک عده مردم که روحیه قومی و قبائلی دارند میخواهند به خاطر قوم پرستی همکاری کنند در حالیکه ما از دین آموختیم که به مردم ظالم بیعت روا نیست. با حکومت که مردم را از حق زندگی نا امید کرده است تفاهم نا رواست. اقتدا کردن در نماز به مردم ظالم و قومی و قبائلی که مدنیت اسلام را زیر پا کرده اند و بانوان را خانه نشین کردند و دست مردم را به نام دین و سنت از کار گرفتند مردم را فراری کردند و غیره روا نیست. امروز افغانستان بسیار به رنج زندگی می کند و اما ما الحمدالله مسلمان هستیم و امید به خداوند داریم که مردم آزاده کشور بلاخره از بند اسارت آزاد می شوند. حدیث از پیشوای اسلام سیدالمرسلین (ص) داریم که فرموده است: "گشایش همرای رنج است و با هر سختی آسودگی به همراه است." به رویت این حدیث مشهور فردوسی شاعر بزرگ فارسی گفته است:

که اندر جهان سود بی رنج نیست

هم آنرا که کامل بود گنج نیست

بلی ما انشاالله ازین تاریکی و ظلمت نجات پیدا خواهیم کرد

مشـروط بـر اینکـه زن و مـرد افغانسـتان آزادی و کرامـت انسـانی خـود را مصالحـه نکننـد و بـه آینـده امیـدوار باشـند.

جمعه مبارک
سوم فبروری ۲۰۲۰

مشـروط بـر اینکـه زن و مـرد افغانسـتان آزادی و کرامـت انسـانی خـود را مصالحـه نکننـد و بـه آینـده امیـدوار باشـند.

جمعه مبارک
سوم فبروری ۲۰۲۰

حدیث شماره ۶۲

جمعه مبارک

سلام عزیزان

از دید قرآن مجید ظلم برابر با شرک است. مردم عادی فکر می کنند که یک شخص بدون محکمه زندانی می شود ظلم است و یا کسی حق مردم را می خورد ظلم است که اینها و مثال های دیگر همه درست است. اما موضوع عمده را مردم متوجه نشده اند و این برای این است که برای شان هرگز گفته نشده است این است که بزرگترین ظلم بعد از شرک مردم را از حقوق زندگی محروم کردن است. امروز با کمال تأسف طالبان مردم را. زیر عنوان دین و سنت از حقوق زندگی محروم کرده اند. اما طالبان تنها نیست. در کشور های اسلامی وقتی یک گروه به نام اسلام به قدرت می رسند اولین عمل این گروه ستمکاری به نام دین و سنت در تسنن و امامت در شیعه است و مردم را از حقوق آزادی محروم می کنند. پس این مهم نیست که مسلمان هستند و یا نیستند. به مجردیکه برای مردم به نام دین و سنت تصمیم گرفته می شود و برای مردم دیکته می شود مغز شویی مردم مانند کمونیستان سر دست گرفته می شود و مردم استثمار می شود و از حق آزادی محروم می شوند. اگر به ذوق گروه سر اقتدار زندگی کنی مسلمان خوب هستی در غیر آن یاغی هستی و باید مجازات شوی. یعنی دین آمد که مردم آزاد زندگی کنند و خود شان در باره ایمان خود تصمیم گیرید. حضرات گرانقدر اسلام عمر و علی در تاریخ میخوانیم که گفته اند چرا انسان که آزاد خلق شده است برده می سازید. حضرات خبر نداشتند که روزی می رسد که مردم به نام دین و سنت و حزب برده ساخته می شود و این بزرگترین ظلم است. پس وقتی یک گروه با حزب به شما دیکته کند این ظلم است. شما دیگر برده خدا نیستید. شما برده یک نظام ظالمانه هستید که باید برای آزادی مبارزه کرد. مسلمان

باشد و یا کافر، باید مبارزه کرد. و این همین مطلب مهم سیاسی امروز است که اشخاص نادان از اسلام به طالب، داعش و حزب و غیره مردم را از حقوق آزادی محروم کرده اند. انتی تز عدل، ظلم است. حضرت رسول کریم (ص) فرموده است که: "بهترین مبارزه حق گویی در برابر ظالم است." در حدیث دیگر می فرماید: "در راه حق مبارزه کنید تا شرف و بزرگی را برای فرزندانتان به یادگار گذارید" و در حدیث دیگر می فرماید که: "حقیقت را بگو، هر چند تلخ و ناگوار باشد."

امروز در کشور افغانستان مردم از حق زندگی کردن محروم هستند. روزنامه نگاران بیکار شده اند. بانوان در خانه نشسته اند. فقر مردم تحت صفر قرار گرفته است. به نام اینکه موسیقی حرام است آلات موسیقی را می شکنند. و هنرمندان که افتخار کشور هستند و یک جامعه بدون هنرمند یک جامعه غیر مدنی و مرده است فراری شدند و یا به فقر زندگی می کنند. و آن قوم پرستان که از طالبان دفاع می کنند و به ایشان در نماز اقتدا می کنند هنرمندان کشور را با تحقیر یاد میکنند به نام رقصنده و بازنگر و غیره. جالب این است که تحقیر و توهین از جانب کسانی صورت میگیرد که به اسلامیت خود افتخار می کنند و خود را از همه مسلمان تر می دانند.

برای آزادی باید مبارزه کرد. از استثمار روسیه شوروی خلاص شدیم و به استثمار جهادی افتیدیم و از آن خلاص شدیم به استثمار طالبی افتادیم و از استثمار طالب خلاص شدیم و به استثمار آمریکایی برابر شدیم و امروز دوباره به ظلم طالبانی. انسان که باید برده خدا باشد بنده یک گروه به نام اسلام است که سخت شرم آور است.

جمعه مبارک
دهم فبروری ۲۰۲۲

حدیث شماره ۶۳

جمعه مبارک

سلام عزیزان

سوال همین است که چرا مردم افغانستان نه می توانند برای کشور و ملت خود یک کاری کنند. آیا ما تحصیل یافته نداریم؟ آیا ما استعداد نداریم؟ آیا ما شهامت نداریم؟

دانشمندان افغانستان در گردهمایی های گوناگون دور هم جمع می شوند اما بی نتیجه. برنامه های زوم دایر می شود اما بی نتیجه. نامه ها به اقامتگاه سفید آمریکا (در آمریکا از بدو تاسیس ارستوکراسی مانند اروپا نبوده است لذا واژه های کاخ و قصر. و غیره درین کشور موزون نیست. ترجمه White House بسیار ساده اقامتگاه سفید است)، فرستاده می شود بی نتیجه. مشکل در کجاست؟

مبارزه و آزادی ایجاب یک اندیشه را می کند که همه دور آن گرد هم آیند و لبیک گویند. انقلابات و مبارزات جهانی به اساس اندیشه بوده است. اندیشه ای که اکثریت به آن لبیک می گویند. در افغانستان نه تنها رهبر که همه به او لبیک گوید وجود ندارد اندیشه ای سالم که همه یکجا شوند هم وجود ندارد. یک عده اسلام می گویند و اما تعریف ثابت ندارند که چه نوع اسلام. اسلام سنی، اسلام شیعه، اسلام وهابی، اسلام دیکتاتوری و قومی که امروز مروج است. همین می گویند که شریعت و اما شریعت برای قرن بیست و یکم و جهان امروز تعریف نشده است. حضرت رسول اکرم (ص) فرموده است: "نظام زندگی انسان بر اندیشه است." (مأخذ سخنان حضرت محمد (ص) به انتخاب و ترجمه ای غلام رضا امامی.) اما ما اندیشه نداریم.

توجه کنید به اندیشه های مردمی و جهانی. اینکه ما مخالف هستیم یا موافق هستیم نکته مورد بحث ما نیست. اسرائیل به اساس اندیشه صهیونیزم عرض اندام کرد. مهاتما گاندی هند را

با اندیشه خشونت پرهیزی آزاد کرد. خمینی ایران اندیشه ولایت فقهی را پیشکش کرد و ایران اسلامی را ساخت با اینکه در فقه شیعه دوازده امامی همچو چیزی به نام ولایت فقهی وجود نداشت. مبارزات مائوتسیوتنگ چین و لینن به اساس اندیشه کارل مارکس بود. اندیشه ما برای یک افغانستان آزاد چه است؟

یک عده دیگر دموکراسی و فدرالیزم می گویند و اما تعریف نکرده اند که چه نوع دموکراسی؟ دموکراسی سرمایه داری مانند آمریکا؟ سوسیال دموکرات مانند آلمان؟ دموکراسی پارلمانی مانند انگلستان؟ دموکراسی کمونیستی مانند چین؟ (در یک کنفرانس بین المللی در چین شرکت کرده بودم و در یک چهار راه بزرگ نوشته بودن دموکراسی، مردم و حاکمیت قانون.) آنها هم دموکراسی می گویند اما ما دموکراسی را برای افغانستان تعریف نه کرده ایم. این محقق، اقلا دموکراسی اسلامی را نوشتم و برای افغانستان پیشکش کردم.

مشکل ما مشکل نداشتن اندیشه است. افغانستانیان فاقد اندیشه هستند و این یک کمبود بزرگ سیاسی است.

جمعه مبارک
۱۸ فبروری ۲۰۲۲

حدیث شماره ۶۴

جمعه مبارک

سلام عزیزان

یکی از نعمت های بزرگ خداوند بعد از توحید و خداشناسی و علم و معرفت هجرت است.

تاریخ اسلام با نزول قرآن شروع نمیشود. تاریخ اسلام با تولد پیامبر (ص) شروع نمیشود. تاریخ اسلام با بعثت شروع نمی شود. تاریخ اسلام با هجرت آغاز می شود. وقتی به تاریخ تمدن نظر می اندازیم می بینیم که بزرگترین تمدن ها مانند تمدن مدرن امروز آمریکا در اثر هجرت به وجود آمده است. و وقتی ما هجرت را از نگاه اجتماعی، اقتصادی و سیاسی و روانشناسی مورد مطالعه قرار میدهیم متوجه می شویم که اگر هجرت نه می بود انسان به معراج کمال نه می رسید و مهم تر اینکه آزادی او غصب می شد. هجرت بسیار آموزنده است. هجرت بیدار کننده است. هجرت انسان را به اعلی علیین می رساند زیرا فکر و عقل و ذهنیت او متمدن می شود. دین نه میخواهد که مردم به خاطر یک قطعه زمین به نام زادگاه در تنگنای فکری باقی ماند و هجرت را خداوند پیشکش می کند و در قرآن مجید می گوید مگر زمین خدا فراخ نبود که هجرت می کردید. با هجرت است که انسان به خواب رفته که فکر می کند همین خانه و زندگی که در زادگاه اش دارد و یا کاری که دارد از دستش بیرون شود بیچاره می شود و اما بر عکس هجرت او را بیدار می کند که آزادی تو، کرامت تو و عزت تو در هجرت است. انسان های که هجرت کرده اند از نگاه فکری بسیار پیشقدم هستند زیرا با تجارب هجرت است که ما نه تنها خود را می شناسیم خدا را می شناسیم و جهان خلقت را می شناسیم. هجرت بدون چالش ها، نا امیدی ها نیست و اما همین چالش ها و نا امیدی هاست که انسان را به پختگی می رساند، از خود و دیگران برای زنده ماندن می آموزد. زندگی را با یک

اندیشه نو از سر می سازد. مال و مکنت دنیا برایش بی معنی می شود و متوجه می شود که این آزادی از ظلم و استبداد است که انسان، انسان واقعی می شود. کرامت انسان در آزادی اوست. می شود که در کشور زادگاه انسان یک زندگی مادی داشته باشد و اما اسیر ظلم و ستم. انسان آزاد خلق شده است و هجرت او را از بند هر گونه اسارت نجات می بخشد. حضرت رسول کریم (ص) در مورد هجرت فرموده است که: ”زمین، زمین خداست و بندگان، بندگان خدایند، هر جا نیکی به تو رسید اقامت کن.“ (حدیث شماره ۱۱۱۶ نهج الفصاحه.)

ای عزیز من که امروز هجرت کردی. هجرت تو را تبریک می گویم زیرا تو امروز به آزادی رسیدی. تو امروز اسیر مادیات و خرافات نیستی. تو امروز خودت، خودت هستی. تو را خدا آزاد آفریده و بنده این حق را ندارد تا آزادی تو از تو که تحفه خدا به بنده است از تو بگیرد. با آزادی است که تو حق را از باطل در عالم هجرت تفکیک می کنی. هجرت یعنی زندگی نوین با اندیشه نوین و آزادی به خاطر کرامت انسانی.

جمعه مبارک
۲۴ فبروری ۲۰۲۲

حدیث شماره ۶۵

جمعه مبارک

سلام عزیزان

اسلام آمد تا هرگونه تعصب و تبعیض و تنگ نظری را ریشه کن کند. یثرب مدینه شد تا مردم شهری شوند و از قوم پرستی، زن ستیزی و خرافات پرهیز کنند. قرآن زنان و مردان را در دین خواهر و برادر خواند. زنان در کنار مردان آزادانه کار و تجارت میکردند. در مسجد در عقب مردان در نماز بودند و زن و مرد در ساختار تمدن اسلامی نقش بارز بازی کردند.

بعد از خلفای راشدین و قرائت های مختلف از دین و سنت زنان قشر دوم جامعه شدند و اولین چیزی را که از دست دادند حقوق اسلامی شان که با مردان همسان است. امروز زنان از مردان مطلق جدا شده اند در حالیکه قرآن مرد و زن را مکمل همدیگر دانسته است.

وقتی من عکس خود را با بانو هنگامه آواز خوان مشهور کشور در فیسبوک شریک شدم یکی گفت که موسیقی حرام است. دیگری گفت که شرم است که زنان با مردان یکجا باشد و حرام است.

در هیچ جای قرآن مجید گفته نشده است که زنان و مردان از هم جدا باشند. هیچ حدیث وجود ندارد که پیامبر گفته باشد تا زنان و مردان از هم جدا باشند. در اسلام زن و مرد مسؤل اعمال و گفتار و کردار خود هستند. هیچ کس مسؤل گناه کسی نیست. با کمال تأسف مساجد افغانستانی در آمریکا و اروپا زنان را از صالون مسجد بیرون کرده اند و در یک اتاق دیگر برای شان جا تخصیص داده شده است و این عمل یک عمل غیر اسلامی و غیر شرعی است. یا در یک مسجد برای اینکه خود را روشن تر نشان دهند یک شیشه مکدر بین نمازگزار مرد و زن وجود دارد. لطفاً حدیث این پرده ها و شیشه ها را در مسجد به من واضح سازید.

در اسلام تنها زنان پیامبر از پشت پرده با مردان که در داخل خانه پیامبر می آمدند سخن می گفتند و این اصول خاص برای زنان پیامبر در داخل خانه پیامبر بود نه دیگر زنان. زنان و مردان در اجتماع همه یکجا بودند. زنان پیامبر در بیرون خانه آزادانه با مردان سخن می گفتند.

زنان افغانستان باید از حقوق حقه اسلامی خود دفاع کنند و اول از مسجد شروع کنند زیرا مساجد با افکار وهابیت به پیش می رود و اشخاص که در راه دین درین کشور ها کار می کنند هم به خاطر محافظه کاری و برای اینکه ملای نادان او را به کفر نگیرد، خود را خاموش گرفته است. حدیث از حضرت رسول کریم (ص) داریم که فرموده است: "دو گروه از امت من هستند که اگر صالح باشند همه امت صالح می باشند در غیر آن همه تباه می شود: اول علما و دوم حکماً."

امروز عالم دین از روی محافظه کاری و قوم پرستی و نادانی خودش مرتکب بدعت شده است. اینکه زنان را از مسجد جدا کرده اند بدعت است. خلاف حقوق بشر در اسلام است. مغایر قرآن است. اصول در مسجد این است که مردان در صف اول می باشند و زنان در صف اخیر. وقتی نماز تمام شد اول زنان از مسجد خارج می شوند و بعد مردان. مردان باید منتظر باشند تا آخرین زن از مسجد خارج شود بعد مردان اجازه دارند که از مسجد خارج شوند. همه مساجد ما خلاف اصول اسلام و سنت پیامبر رویه می کنند و این شرم آور است.

زن و مرد در اسلام مکمل همدیگر هستند و همه مردم آزاد است.

در مساجد روحیه قومی و قبائلی مروج است و مسجد محل قوم گرایی و تعصب و تبعیض نیست.

جمعه مبارک
سوم مارچ ۲۰۲۲

حدیث شماره ۶۶

جمعه مبارک

سلام عزیزان

در دموکراسی اسلامی ازینکه حضرت علی (رض) یکی از طرفداران تفسیر قرآن بود نوشتم. چند روز بعد یک ویدیو کلپ از یک آخوند ایرانی را یک دوست برای من فرستاد که این آخوند تفسیر قرآن را با لحن شدید و لعنت کردن به معاویه (رض) رد میکرد.

شما عزیزان باید بدانید که به همان اندازه که در بین سنی ها مانند وهابی های نادان و خائن ما مردم متعصب داریم به همان اندازه در بین شیعه ها مردم متعصب و خائن داریم و همین ها هستند که اتحاد سنی و شیعه را که هر دو مذهب ساخته و بافته انسان هاست بر هم می زنند.

این شیعه نادان نمیدانست که در تفسیر نمونه که یکی از بزرگترین تفاسیر دانشمندان روشن ضمیر اهل تشیع ایران است در صفحات اول آن از ابن عباس (رض) نقل قول کرده است که القرآن یفسر الزمان، یعنی قرآن نظر به ایجابات عصر و زمان تفسیر می شود. وهابی های نادان و متعصب هم اعتقاد ندارند که قرآن باید تفسیر شود. همین گروه های سنی نادان و شیعه نادان هستند که جهان اسلام را یک محشر ساخته اند. چون امروز "سوشل میدیا" یا رسانه های اجتماعی به اوج آن رسیده است و مردم هم مطالعه ندارند هر کس یک کلپ می سازد و پخش می کند.

همچنان لعنت کردن در اسلام روا نیست و نمایندگی از اخلاق و تربیه بسیار پایین شخص را می کند. این آخوند که حضرت معاویه (رض) را لعنت میکرد نمیداند که رسول خدا لعنت کردن را منع کرده است. از یک منبع شیعه برای شما نقل قول می کنم. پیامبر اسلام (ص) فرموده است: "سزاوار نیست که مرد صدیق لعنت گر باشد." (حدیث شماره ۲۵۵۶ نهج الفصاحه مجموعه

کلمـات قصـار حضـرت حضرت رسـول اکـرم (ص) بـا ترجمـه فارسـی بانضمـام فهرسـت موضوعـی مترجـم و فراهـم آورنـده ابوالقاسـم پاینـده چـاپ دوم ۱۳۷۴ تهـران)

اول اینکـه نظـر بـه نـص قرآن لعنـت کـردن حـق خـدا و ملائـک اسـت و بعـد از آن علمـای واقعـی اسـلام کـه علمـا در دل لعنـت مـی کننـد نـه علنـی. زیـرا لعنـت کـردن در متـون شـیعه و سـنی شـدید محکـوم شـده اسـت. کـی را لعنـت مـی کننـد؟ آنانیکـه آیـات خـدا را تکذیـب مـی کننـد.

دوم اینکـه مـردان و زنـان صـدر اول اسـلام همـه شـخصیت هـای کلیدی و مهـره هـای تاریـخ اسـلام بودنـد و نقـش خـود را خـواه خـوب و خـواه خـراب بـازی کردنـد و رفتنـد و جـواب خـود را بـه خداونـد داده انـد. آنهـا نـه خـدا بودنـد و نـه پیامبـر و نـه فرشـته. منحیـث انسـان همـه شـان جایزالخطـا بودنـد و هـم کار هـای خـوب کردنـد و هـم اشـتباه کردنـد کـه مـا امـروز در اثـر تحقیقـات مـی خوانیـم. دریـن حالـت کـه هجـوم دشـمنان اسـلام زیـاد اسـت دانشـمندان و آنانیکـه شـیعه واقعـی هسـتند و سـنی واقعـی هسـتند کـه هـر دو از متـون دقیـق کتـب شـان اسـتفاده مـی کننـد و هـر دو متـون مذهبـی مـردم را بـه اخـلاق، صلـح، بردبـاری و صلـه رحـم و اتحـاد دعـوت مـی کنـد بایـد بـرای مـردم نمونـه شـوند و جلـو نفـاق را در منبـر مسـجد بگیرنـد.

مـن اعتـراف مـی کنـم کـه حضـرت معاویـه (رض) اشـتباهات خـودش را داشـت امـا مـن منحیـث یـک مسـلمان کـه اخـلاق و تربیـه را از محمـد (ص) آموختـه ام حـق لعنـت کـردن صحابـه را نـدارم.

جمعه مبارک
جمعه یازدهم مارچ ۲۰۲۲

حدیث شماره ۶۷

جمعه مبارک

سلام عزیزان

مسلمانان متعهد به اسلام عزیز اسلام که به ما علم و اخلاق آموخت. اسلام که ما را هویت فرهنگی بخشید و اسلام که ادب زندگی کردن مدنی را آموخت، در ماه شعبان قرار داریم و ماه شعبان هم از ماه های مبارک است که درین ماه نظر به اعتقاد ما مسلمانان رزق و روزی ما تعیین می شود و ماه عبادت و استغفار است. ماه آمادگی برای رمضان است. در ماه شعبان، شب برات است. شب که عبادت خدا بسیار ثواب دارد و در پانزدهم ماه شعبان است. بسیار ثواب دارد که اگر بتوانید درین ماه شعبان روزه گیرید. این ماه استغفار و توبه و اجابت دعاست. در منابع سنی و شیعه، شعبان روایات زیادی از فضلیت این ماه و شب برات آمده است و ما را به خداوند نزدیک تر می سازد. این روز هایی است که ما باید به گذشتگان خود خاص دعا کنیم زیرا روز و شب مغفرت است. حدیث از حضرت رسول کریم (ص) داریم که فرموده است که: "شعبان از من است" و از عایشه (رض) روایت است که پیامبر (ص) در کنار رمضان، ماه را که زیاد ترین روزه را میگرفت شعبان بود.

بزرگان اسلام در مورد شب برات مانند ابو ریحان بیرونی گفته است که روز های سیزدهم، چهاردهم و پانزدهم ماه شعبان روز های البیض یعنی روشنی نام دارد و شب پانزدهم شب بزرگ است. حافظ، شاعر توانای شعر و ادب فارسی در مورد شعبان گفته است:

ماه شعبان منه از دست قدح کاین خورشید

از نظر تا شب عید رمضان خواهد شد

عزیزان من

از نـگاه انتروپولـوژی یـا بشـر شناسـی فرهنگـی، ایـن روز و شـب هـا زیبایـی هـای فرهنـگ ماسـت و نادیـده نگیریـد. همیـن مسـائل اسـت کـه فرهنـگ مـا را دلچسـپ مـی سـازد. هیـچ عیـب نـدارد کـه دریـن یکـی دو روز بـه سـر خـاک مـادر و پدرتـان کـه شـاید مـاه هـا نسـبت مصروفیـت نـه رفتـه ایـد برویـد و دعـا کنیـد. چـه عیـب اسـت کـه دریـن روز هـا سـوره یـس را تـلاوت کنیـم. چـه عیـب اسـت کـه دریـن روز هـا بـه یـک خواهـر و بـرادر کـه بـه کمـک و احتیـاج دارنـد کمـک کنیـم حتـی کـه ناچیـز باشـد.

جمعه مبارک
هفدهم ماه مارچ ۲۰۲۲

حدیث شماره ۶۸

جمعه مبارک

سلام عزیزان

بسیار جای تأسف است که طالبان مکاتب دختران را به خاطر که در جامعه فساد نباشد مسدود کردند. طالبان مرتکب نه تنها بدنامی اسلام بلکه ظلم شده اند زیرا بنای دین اسلام آموزش و پرورش است و طالبان طبقه نسوان را از حق شرعی شان محروم کرده اند و این نابخشودی است. تعجب می کنم که یک عده گروه های سیاسی که خودشان اندیشه سالم اسلامی ندارند هنوز هم میخواهند با این گروه جاهل تفاهم کنند. خلاف شریعت اسلام است که یک گروه جاهل و ظالم به قدرت باشد و یا با ایشان تفاهم کرد. برعکس قرآن به ما دستور میدهد که از جاهل روی بگردان. علمای کرام گفته اند که با احمق داد و معامله نداشته باشید. اینها مطلق احمق هستند.

قرآن مجید می گوید "وقل رب زدنی علما" یعنی الها بر علم من بیفزای. این آیه مبارک برای مرد و زن گفته شده است و حضرت رسول اکرم (ص) فرموده است که: آموختن علم برای مرد و زن مسلمان فرض است. در متون دینی خود میخوانیم که وقتی مردم سوال میداشتند به بی بی عایشه صدیقه (رض) رجوع میکردند زیرا بی بی عایشه (رض) یک فقهی بود. بی بی عایشه نه تنها که قرآن مجید را از بر داشت یک زن ادیب بود و شعر میگفت. از زبان بی بی عایشه روایت شده است که در بین زنان از بی بی فاطمه (رض) دانشمندتر ندیدم. بی بی زینب (رض) اولین مکتب نسوان را بنا کرد و اولین دانشگاه با لیلیه توسط یک بانوی مسلمان به نام فاطمه الفهری در سال ۸۴۱ میلادی بنا یافت و این محقق آن دانشگاه را در مملکت المغرب (مراکش) رفتم و دیدم. زنان در اسلام به معراج ولایت رسیده اند و ما زندگینامه رابعه عدویه را در کتاب مشهور تذکره الاولیا اثر بی همتای شیخ فرید

الدیـن عطـار نیشاپوری میخوانیـم. در مذهب امـام ابوحنیفـه چـون بی بی عایشـه صدیقـه (رض) در مدینـه یـک فقهـی بـود، زنـان حـق دارنـد کـه قاضـی القضـات شـوند. دیگـر فقهـا بـه شـمول فقـه جعفـری ایـن امتیـاز بـه زنـان نـداده اسـت و دلیـل قانـع کننـده هـم ندارنـد.

بـی بـی خدیجـه کبـرا همسـر پیامبـر اسلام یـک تاجـر پیشـه بـود. بـه هـر حـال، از مسـائل قضـاوت و تجـارت و کار زن کـه همـه مجـاز اسـت بگذریـم آمـوزش و پـرورش زن مسـلمان حـق مشـروع بانـوان اسـت و تعـدی ایـن حـق ظلـم شـمرده مـی شـود. عملکـرد طالبـان مخالـف شـرع اسـلام، مدنیـت اسـلام و عدالـت اسـلام اسـت و ایـن ظلـم اسـت و از دیـد و بینـش قـرآن ظلـم برابـر بـا شـرک اسـت.

مـرد و زن از نفـس واحـد خلـق شـده اسـت و در جامعـه از نـگاه مدنـی حقـوق مدنـی دارنـد. مـردان هـم مـی تواننـد فسـاد تولیـد کننـد و بدبختـی افغانسـتان زیـاد تـر از بابـت حماقـت هـای مـردان اسـت نـه زنـان.

جمعه مبارک
۲۴ مارچ ۲۰۲۲

حدیث شماره ۶۹

جمعه مبارک

سلام عزیزان

هفتـه ای کـه گذشـت جشـنواره جوایـز مشـهور اوسکار Oscar کـه یکـی از مشـهور تریـن جشـنواره هـای هنرمنـدان آمریکایـی اسـت و در بخـش هـای مختلـف هنـری از هنرمنـدان قدردانـی صـورت میگیـرد، برگـزار گردیـد.

یکـی از گردننـدگان روی صحنـه یـا مهمانـدار روی سـتیژ، امسـال، Chris Rock کمیدیـن مشـهور کـه سـیاه پوسـت هـم اسـت حضـور داشـت.

خـوب، کمیدیـن هـا فکـر مـی کننـد کـه هـر فکاهـی کـه بگوینـد و یـا مـردم را نشـانه گیـری کننـد و یـک چیـزی در مـورد شـان بگوینـد، درسـت اسـت کـه ایـن یـک تصـور غلـط و باطـل اسـت.

آقـای راک در مـورد همسـر یـک هنرمنـد مشـهور William Smith کـه او هـم سـیاه پوسـت اسـت یـک شـوخی کـرد. ایـن شـوخی سـر ویلیـام در مـورد همسـرش بـد خـورد و راسـاً روی سـتیژ رفـت و یـک سـیلی محکم بـه روی راک کوبیـد و برگشـت بـه جـای خـود نشـست و بـا عصبانیت بـه راک گفـت کـه هرگـز کوشـش نکـن کـه در مـورد همسـرش چیـزی بگـو یـی .

در اسلام سه نوع روابط است:

Theo-ethics

Psycho-ethics

Socio-ethics

یعنـی رابطـه ی اخلاقـی شـما بـا خـدا چنانچـه چنـد روز بعـد رمضـان اسـت و ایـن یـک رابطـه خصوصـی شـما بـا خداسـت. بـه کسـی دیگـر مربـوط نیسـت کـه شـما روزه میگیریـد یـا نمیگیریـد.

رابطه ی اخلاقی شما با خودتان است. طور مثال نماز می خوانید یا نه می خوانید مربوط شما می شود. خدا به نماز شما احتیاج ندارد.

و رابطه ی اخلاقی شما با مردم که در جشنواره اوسکار اتفاق افتاد. درین بخش شما مسئولیت اخلاقی در مورد مردم دارید. ما این موضوع را از دید و بینش اسلامی خود مورد قضاوت قرار میدهیم.

درین خبر سازی مشهور که امسال در اوسکار اتفاق افتاد رابطه با مردم مطرح شد و موسسات مربوط زیادتر ویلیام را ملامت کردند زیرا برخاست و مردک را سیلی زد. از دید و بینش ما مسلمانان هر دو مقصر هستند و اول آقای راک مقصر بود زیرا با همسر او شوخی کرد. حضرت رسول کریم (ص) فرموده است که: "مزاح مکن که رونقت بپرد و دروغ مگو که روشنیت برود."

در فرهنگ ما طنز و فکاهی و شوخی های که در چارچوب اخلاق باشد مجاز است و اساساً همین طنز ها و فکاهی ها یک فرهنگ را بسیار غنی می سازد و اما در اسلام اجازه نیست که کسی یک شخص را مسخره کند و یا سخن گوید که احساسات شخص را جریحه دار سازد و یا سخن او توهین آمیز باشد. با دوستان نزدیک که می شناسید و سالها رابطه دارید یا اعضای خانواده شوخی درست است و اما نه با دیگران.

آقای ویلیام هم حوصله نکرد و به جای اینکه بعد از محفل به راک عرض حال کند در مقابل مردم او را سیلی محکم زد. رسول اکرم (ص) می فرماید که: "مؤمن آن است که مردم از دست و زبانش در امان باشد."

اینجا ویلیام هم از دید ما مسلمانان مقصر است.

از داستان اوسکار ۲۰۲۲ ما چند مطلب مهم را می آموزیم:

اول شوخی و مزاح با مردم بطور نشانی شده و هدفمند خلاف اخلاق است.

دوم اهانت مردم که ویلیام کرد خلاف اخلاق و فرهنگ اسلامی

ماست.

سوم که برای هنرمندان ما آموزنده است اخلاق هنری، پیشامد سالم و هر چیز که هنرمند می کند خواه کمیدین باشد خواه نوازنده باشد نباید او را سبک سازد.

همچنان یک چالش دانشمندان اسلامی همین است که چگونه مسائل روز را که اتفاق می افتد با قرآن و حدیث مطابقت دهند و برای مردم خود یک زندگی مدنی را بیاموزانند که متأسفانه این کار را در مساجد قطعاً نه می کنند. وقتی قرآن و حدیث و سنت در زندگی روزمره تحلیل و تفسیر نشود مردم فکر میکنند که قرآن و حدیث به زندگی روزمره ارتباطی ندارد و از اسلام دلسرد می شوند. اینکه امروز مسلمانان از اسلام فهم درست ندارند مشکل ملا امام و دانشمندان اسلامی است که تنویر درست را از نگاه مسلک آموزش و پرورش نیاموخته اند و قادر نیستند مردم را در سطح Socio-ethics رهنمایی کنند.

جمعه مبارک
پنجشنه ۳۱ مارچ ۲۰۲۲

حدیث شماره ۷۰

جمعه مبارک

سلام عزیزان

الحمدالله در ماه مبارک رمضان هستیم. ماه که حق از باطل تفکیک شد و درین ماه روزه را برای آنانیکه به قرآن ایمان آورده اند مقرر کرد تا رستگار شوند. سبحان الله، این خود یک رحمت است که به ما ارزانی داشته است. یکی از رستگاری های بزرگ امانتداری است و بزرگترین امانت نزد اهل ایمان دین است. اما امانتداری در دین این نیست که شما نماز بخوانید یا روزه بگیرید و یا حج بروید. خداوند به نماز و روزه و حج من و تو احتیاج ندارد. روزه بگیری یا نگیری او از خدایی خلاص نمیشود. دین از طرف خدا برای مردم است. وقتی ما به مردم خیانت می کنیم اساساً به دین خیانت کرده ایم. کمونیستان و مارکسیست ها و ملحدین چرا منفور خدا و مردم هستند برای اینکه به دین خدا خیانت کردند. به یاد دارید که مردم بیگناه در زندان پلچرخی چه حال داشتند بعد از کودتا ننگین هفت ثور؟ خیانت به دین از بی ایمانی سر می زند. رسول اکرم (ص) فرموده است که: ”هر که امانت ندارد ایمان ندارد“ و قسمیکه گفتیم بزرگترین امانت نزد مردم دین است. وقتی مردم از حقوق حقه انسانی مثل آزادی، آموزش و پرورش که امروز طالبان برای دختران نقض کرده اند، آزادی بیان که کمونیستان و طالبان نقض کردند، آزادی سفر که کمونیستان و طالبان نقض کرده اند، همه خیانت به دین است. هرگاهی که چیزی را که خدا بر مردم روا دانسته و مردم محروم می شوند خیانت به دین رخ داده است. جالب است که کمونیست و طالب هر دو در بسیار نقاط وجه مشترک دارند زیرا اینها پیرو ایدیولوژی های خود ساخته هستند که مغایر طبیعت انسان و مغایر حقوق بشر اسلامی و بین المللی است. خیانت به دین کفر است و چرا کفر این همه نزد خدا در قرآن منفور است و محکوم

شده است و آتش جهنم برای کافر ملحد وعده داده شده است؟ برای اینکه کافر و ملحد به خلقت خدا خیانت می کند. همه جهان هستی از خدا و ملکیت خداست و اما ملحد چون خالق را نه می شناسد به ملکیت او خیانت می کند. چون از دید و بینش توحید همان جهان هستی دین است، به دین خیانت می کنند. لینن ملحد و پیرو خائن او استالین چند نفر را کشت؟ سه ملیون نفر! این خیانت به دین است. خیانت به دین آنست که مردم به مردم خیانت کنند چه مسلمان باشد مانند طالب و چه ملحد باشد مانند پرچمیان و خلقیان که یک عده شان امروز در کنار طالبان جای گرفته اند. مجاهدین که کابل را تکه تکه کردند اینها به دین خیانت کردند. خیانت به دین یعنی نقض حقوق بشر. درین ماه رمضان ما باید در دعای خود همیشه داشته باشیم که الهی از کفر و شرک و الحاد ما را به دور داشته باشی و ما را از ارتکاب خیانت به دین مصون داشته باشی زیرا خیانت به دین گناه نا بخشودنی است.

جمعه مبارک
پنجشنبه هفتم اپریل ۲۰۲۲

حدیث شماره ۷۱

جمعه مبارک

سلام عزیزان

ماه رمضان، ماه است که انسان عاقل به خود می آید و از موجودیت خود درین جهان هستی سوال می کند. نقش خودش را درین جهان بیکران که چرا آمده است و به کجا می رود، تثبیت می کند. این ماه، ماه خودشناسی است. ماه خود سازی است که این فرصت بزرگ مهیا شده است تا خود را اصلاح کنیم و یک انسان بهتر باشیم و مهمتر اینکه انسان موجودیت خود را درین جهان درک کنیم و یک موجود توحیدی باشیم. با کفر و الحاد از درون خود و با نفس خود مبارزه کنیم و نگذاریم افکار باطل و فاسد و فاسق در مغز ما جای گیرد. با اسارت فکری که مخالفین میخواهند ما لاله الا لله نگوییم، مبارزه کنیم و عقل و فکر و ذهن خود را از هرگونه اسارت نجات دهیم و تنها به فکر خالق خود باشیم. برای خود دعا کنیم زیرا بزرگترین دعا، دعای است که برای خود می کنیم. خداوند به روزه ما نیازمند نیست و اما ما روزه میگیریم که همه آلودگی های فکری و باطنی و ذهنی خود را پاک کنیم. این سی روز که ده اول آن ده رحمت است و ده دوم آن ده مغفرت و ده سوم آن هدایت است بدون دعا نه می توان کمایی کرد زیرا رسول اکرم (ص) فرموده است که: "دعا مغز عبادت است." دعای مؤمن در ماه رمضان از دعا های است که زندگی ساز است. حضرت رسول اکرم فرموده است که: "دعای روزه دار رد نمیشود" و اما روزه داری که از غیبت و سخن چینی و دروغ اجتناب کند در غیر آن نه دعا قبول می شود و نه روزه زیرا روزه در اثر غیبت و سخن دروغ گفتن و سخن چینی می شکند و قابل قبول نیست. ما در ده مغفرت قرار داریم و چه زیباست مغفرت الهی. بعد از مغفرت است که ما هدایت شده می باشیم. وقتی گناهان بخشیده شد و انسان از همه آلودگی ها پاک شد، در هدایت باز

میشـود. ایـن هدایـت شنـاخت توحیـد و یگانگـی خـدا و جهان هسـتی است کـه تـو در آن شنـاور هسـتی. بـا روزه تـو، دوبـاره تولـد مـی شـوی زیـرا تجدیـد حیـات معنـوی و روحـی و عقلانـی مـی کنـی. بـه خـود مـی آیـی و خـودت را مـی شناسـی زیـرا بـرای ایـن روزه گرفتـی کـه ایمـان خـود را بـه خـود ثابـت کنـی. پـس روزه بـه تـو شناسایـی و معرفت میدهـد. چـه معرفتـی! کـه منحیـث خلیفـه خـدا دریـن جهان بیکـران حقیقـت بـزرگ را مـی شناسـی کـه خـدا یکـی اسـت، انسـان یـک انسـان اسـت، جهـان هسـتی یـک جهان بیکـران اسـت و علـم یـک علم اسـت و همـه بـه خـدا مـی رسـد و توحیـد همیـن اسـت. بـدون شنـاخت توحیـد معرفـت حاصـل نشـود.

جمعه مبارک
پنجشنه چهاردهم اپریل ۲۰۲۲

حدیث شماره ۷۲

جمعه مبارک

سلام عزیزان

یکی از مسائل دین تخنیکی که علما از خود کشیدند واژه "عقل و نقل" است. اصل معنی "عقل و نقل" بطور عام فهم بگوییم این است که مجتهد به اساس کتاب و سنت و در صورت لزوم عقل خود رای خود را می دهد. اما مردم عادی این موضوع را مطلق به اشتباه دانسته اند و چنین تصور می کنند که هیچ کس از خود چیزی گفته نه می تواند و مسائل همانطوریکه در قرآن و سنت است باید قبول کند. وهابی های خائن دین و سلفی های نادان که همرای پطرو دالر جهان را به تباهی کشانده اند ازین واژه ساختگی انسانی شدید سوء استفاده کردند و مردم را چنان فهمانده اند که هیچ کس از خود چیزی گفته نه می تواند و همان مطالب که در قرآن و حدیث است باید قبول کرد در غیر آن مردم که از خود می نویسند و می گویند باید با ایشان مجادله کرد. چند سال قبل در یک تلویزیون افغانستانی هم یکی از مذهبیون که خودش تحقیق نه می کند و دین را کورکورانه قبول کرده است همین مطلب را گفت که هیچ کس از خود چیزی گفته نه می تواند. در حالیکه قرآن از خود تفسیر دارد. تفسیر قرآن به قرآن، تفسیر قرآن به حدیث ثقه نه جعلی، تفسیر قرآن به رویت تاریخ و تفسیر قرآن به علم امروز. و یا امروز ثابت شده است که در مجموعه های احادیث شیعه و سنی خرافات و احادیث جعلی زیاد است. شخص امی تعقل نه می کند و موضوعات را همانطوریکه برایش گفته اند قبول کرده است بدون اینکه عقل خود را به کار اندازد و این مسله باعث پسمانی فکری و ذهنی مسلمانان شده است. جالب این است که تا عقل یک مطلب را درست قبول نکند قبول آن مطلق نادرست است زیرا دین بدون تعقل قبول نمیشود و قرآن می گوید "و افلا تعقلون" یعنی مگر تعقل نه می کنید. متأسفانه فهم غلط مسله "عقل و نقل" در اسلام باعث استثمار فکری شده است و این یک جنایت بشری است و دکانداران دین برای اینکه

مردم را استثمار کرده باشند دهن مردم را بسته اند که هیچ کس حق ندارد در مورد دین سخن گوید به جز خود شان.

اصل موضوع اصلی ما درین جمعه اهمیت عقل در اسلام است که زیاد تر از پنجاه حدیث درین مورد گزارش داده شده است و علمای کرام و مفسرین بزرگوار اسلام درین مورد سخنان واقعاً افتخار آمیز دارند. اول از حضرت رسول اکرم (ص) برای اینکه شرعی شود سه حدیث را نقل قول می کنیم. آن حضرت (ص) فرموده است که: "خداوند مؤمن را که عقل ندارد، دشمن دارد" در یک فرموده دیگر آن حضرت (ص) میخوانیم که " همه خوبیها را به عقل می توان دریافت و هر که عقل ندارد دین ندارد" و در حدیث سومی که مشابهت به حدیث دومی که نقل قول کردیم دارد، فرمود که " دین مرد عقل اوست و کسی که عقل ندارد دین ندارد."

در متون شیعه میخوانیم که پیامبر (ص) به علی (رض) گفت: "ای علی ! عقل چیزی است که با آن بهشت و خشنودی خداوند مهربان به دست می آید."

امام غزالی علیه الرحمه در کتاب احیاء علوم الدین هزار سال قبل نوشته است که " عقل جوهر انسانیت است."

پیر طریقت خواجه عبدالله انصاری علیه الرحمه بسیار زیبا گفته است که: "الهی آنرا که عقل دادی چه ندادی و آنرا که عقل ندادی چه دادی؟"

امروز از چپ و راست میخواهند به نام دین و سنت و عقل و نقل مردم را استثمار کنند تا دین در انحصار خود شان باشد و شکم های سیر باشد و مردم مانند گوسفند ایشان را تعقیب کنند.

عزیز من تو خودت مسؤل اعمال و گفتار و کردار خود هستی. پس هرگز نخواه که اِستثمار شوی زیرا دین آمد تا تو را از هرگونه اسارت مخصوصاً اسارت فکری نجات دهد و جنگ بدر به خاطر آزادی از اسارت فکری به پا خواست.

جمعه مبارک
پنجشنبه ۲۱ اپریل ۲۰۲۲

حدیث شماره ۷۳

جمعه مبارک

سلام عزیزان

با رویت مهتاب ماه نو آغاز می شود.

مسلمانان اولین مردم بودند که علم نجوم را بنیان گذاشتند و رصد خانه ها ساختند. متأسفانه بعد از قرن سیزدهم دنبال علم و معرفت را رها کردند و جهان اسلام به عقبگری سوق داده شد و جای علم و معرفت را خرافات، تعصب و تبعیض و تنگ نظری گرفت و تا امروز دوام دارد. قرآن مجید می گوید "قد احاط بکل شی علما" یعنی هر چیز احاطه علمی دارد. پس رویت ماه را باید در اخیر این هفته که عید آمدنی است بررسی کنیم.

سه نوع رویت مهتاب وجود دارد:

اول Universal یا جهانی - امروز تلیسکوپ های فوق العاده قوی وجود دارد که مهتاب را در یک کنج دنیا مشاهده می کند و می توان اعلان کرد که ماه نو شد.

دوم Regional یا منطقوی است- که مهتاب در یک بخش از جهان دیده می شود و ماه نو اعلان می شود.

سوم Local یا محلی است- که در یک شهر یا قریه مردم ماه نو را می بینند و به مردم اطلاع میدهند. در اسلام دو نفر اگر هلال ماه را در بخش محلی می بینند درست است.

از نگاه علم نجوم ماه نو یا New Moon یک تاوه مطلق سیاه است. برای اینکه هلال شود باید اقلا ۲۴ ساعت سپری شود. امسال یعنی اپریل ۲۰۲۲، سی ام اپریل ماه نو است. حد اقل ۲۴ ساعت که سپری گردد می شود شام روز یکشنبه. یعنی شام روز یکشنبه از نگاه رویت جهانی ماه هلال می شود و باید عید سعید فطر امسال روز دوشنبه دوم ماه می ۲۰۲۲ باشد.

امسال، عید سعید فطر برابر به کسوف یا خورشید گرفتگی است.

قبل از اسلام مردم از خسوف و کسوف شگون بد داشتند و مطالب غیر علمی می گفتند مثلاً اگر یک طفل در ایام خسوف و یا کسوف تولد می شد به فال نیک نه میگرفتند. اما اسلام با خرافات مبارزه کرد و پیامبر اکرم (ص) فرمود: " همه عقاید جاهلی و خرافی نابود شده و زیر پای من قرار گرفته است." (اسلام و حقوق بشر اثر زین العابدین قربانی صفحه ۲۴۸.) و فرمود که ماه و خورشید از نشانه های الهی است و خسوف و کسوف هیچ ربطی به تولد ندارد و هرگاهی کسوف و خسوف را دیدید به نماز بشتابید.

طاعات و عبادات قبول درگاه حق باشد و عید سعید فطر را پیش از پیش به شما عزیزان تبریک عرض می کنم.

جمعه مبارک
پنجشنه ۲۸ اپریل ۲۰۲۲

حدیث شماره ۷۴

جمعه مبارک

سلام عزیزان

یکی از شوق های من در زندگی نماز خواندن در مساجد کلاسیک جهان اسلام است. و چون قرآن می گوید قل سیروا فی الارض یعنی به زمین خدا سفر کنید من بعد از ادای حج سالها قبل تصمیم گرفتم تا در مساجد چندین ساله و کلاسیک جهان اسلام که قدامت چندین ساله داشته باشد در کشور های اسلامی سفر کنم و نماز بخوانم. مساجد قدیم بسیار با عظمت و اما نسبتا ساده بنا شده است و زیبایی های این مساجد مانند مسجد جامع دهلی که در عصر شاهان مغولی هند آباد شده و یا مسجد اقصی در فلسطین با عظمت است و اما ساده است. هدف این نوشتار در مقایسه آبدات اسلامی نیست بلکه از نگاه انتروپولوژی فرهنگی نه تنها که هنر معماری اسلامی یک عصر را نشان میدهد نمایانگر دیانت ذوق و سلیقه مردم و حتی گرویده بودن شان و تعهد شان به دین هم بوده است. طور مثال در کشور اسپانیه در بخش اسلامی آن که اندلس یاد می شود در یک رستوران قدیمی که در عصر مسلمانان بنا شده است یک شکل تزینی در مدخل خروجی رستوران ساخته شده است و در بالای آن معمار نوشته است یا علی! بسیار ساده و اما فوق العاده زیبا.

وقتی تاریخ امپراطوری های اسلامی را مطالعه می کنیم می بینیم که به همان انذاره که جنجال ها وجود داشته است به همان اندازه مردم به دین و دیانت خود بسیار قوی و با تعهد بودند و اما امروز مساجد جدید که ساخته می شود زینت آن بسیار زیاد است و اما مردم بسیار در مقابل اسلام بی تفاوت هستند. امروز ما دیگر یک امپراطوری بزرگ اسلامی نداریم. مردم مسلمان مساجد زینتی دارند و اما دیانت شان برابر به زینت مساجد شان نیست. فقر، بیسوادی، ظلم و بدبختی جهان اسلام را منحیث یک مدنیت

به انقـراض سـوق داده است. حضـرت رسـول کریـم (ص) فرمـوده است کـه: ″ چـون عمـل گروهـی بـد شـود مسـاجد خـود را زینـت کننـد.″ راسـتی امـروز مسجد ما بسـیار پر زرق و بـرق است و امـا بیـرون از مسـجد فقـر و بدبختـی داد مـی زنـد. ظلـم طالبـان را مشـاهده کنیـد کـه از انسـانیت و حقـوق بشـر اسـلامی کـه در سـال ۱۹۸۱ در پاریـس توسـط سـران دول اسـلامی بـه امضـاء رسـید قطعاً خبـر ندارنـد. مسـاجد زیبـا را در عربسـتان سـعودی ببینیـد و در کنـار آن جهالـت آل سـعود را ببینیـد. مسـجد حسـن الثانـی را در مراکـش ببینیـد و بدبختـی مـردم را در کنـار آن تماشـا کنیـد. ازیـن مثـال هـا در جهان اسـلام زیـاد است. وقـت آن رسـیده اسـت کـه بـه جـای مسـاجد زیبـا مـا دلسـوزی بـه فقـر و بیسـوادی و بیمـاری و بیـکاری و بـی سرنوشـتی در کشـور هـای اسـلامی بپردازیـم. امـروز اسـتثمار و اسـتعمار و اشـغال و همـه فلاکـت هـای روزگار گریبانگیـرِ مـا شـده اسـت. حدیـث فـوق بسـیار بیـدار کننـده اسـت اگـر واقعـاً مـا دیـن خـود را دوسـت داریـم.

جمعه مبارک
پنجشنه پنجم ماه مـی ۲۰۲۲

حدیث شماره ۷۵

جمعه مبارک

سلام عزیزان

افغانستان دریـن ۹ مـاه اخیـر صاحب یـک حکومـت غیـر مشروع کـه نـه از جانبـداری مـردم کشـور و نـه از جانبـداری جامعـه بیـن المللـی و نـه از جانبـداری کشـور هـای مسـلمان برخـوردار اسـت، قـدرت را بـه نـام اسـلام غصب کـرده اسـت و کشـور از حالـت فسـاد، اختنـاق اداری و رشـوه سـتانی و قـوم پرسـتی یـک درجـه دیگـر پاییـن تـر رفـت و دیکتاتـوری بـه نـام دیـن هـم اضافـه شـد کـه دیـن اسـلام در سـطح بیـن المللـی بسـیار بـد نـام گردیـد. مـردم دنیـا روز بـه روز پیشـرفت مـی کننـد و مـردم افغانسـتان روز بـه روز پسـرفت مـی کننـد کـه ایـن در عصـر سـاینس و تکنالـوژی و حقـوق مدنـی مسـاوی بسـیار مضحـک و شـرم آور اسـت. مخصوصـاً کـه یـک عـده پشـتون هـا ماننـد تلویزیـون پیـام افغـان در آمریـکا از ایـن تحجـر و عقـب گرایـی و آدم کشـی طرفـداری مـی کننـد.

اخیـراً طالبـان یـک عـده مـردم بـی سـلاح را تیر بـاران کردنـد. زنـان را بـه زور میخواهنـد حجـاب بپوشـند در حالیکـه نظـر بـه آیـه لا اکـراه فـی ألدیـن، دیـن سـر مـردم تحمیـل نمیشـود. وقتـی مسـلمان مغایـر دیـن رویـه کنـد مرتکـب ظلـم مـی شـود. امـروز در افغانسـتان نـه ناموـس مـردم نـه خـون مـردم نـه مـال مـردم نـه عـزت مـردم هیـچ چیـز مصـون نیسـت. جالب اسـت کـه بـا ایـن همـه ظلـم و سـتم یـک عـده ازیـن نظـام فاسـد و ظالـم دفـاع میکننـد در حالیکـه مـی داننـد مـردم مصـون نیسـت. فقـر داد مـی زند. یـک عـده دیگـر کـه از خـود نـه اندیشـه اسلامـی و نـه سیاسـی دارنـد میخواهنـد بـا طالبان مفاهمـه کنند. دیـن اسـلام تدریـس مـی کنـد کـه بـه ظالـم و جاهـل تفاهـم نکنیـد. آیـا تفاهـم بـا کـردن بـا یـک گـروه متحجر کـه مـردم بیگنـاه را تیـر بـاران مـی کننـد درسـت اسـت؟ آیـا تفاهـم بـا مـردم کـه دسـت زنـان را از کار گرفتـه درسـت اسـت ؟ آیـا مـردم بـه فقـر زندگـی مـی

کنـد و رهبـر طالبـان مـی گویـد مـا بـرای نـان دادن مـردم نیامـده ایـم این مسـئولیت پذیـری سیاسـی اسـت؟ دختـران از تحصیـل محـروم شـده انـد ایـن کار درسـت اسـت؟ زندگـی مـردم از هیـچ نـگاه مصـون نیسـت. حضـرت رسـول اکـرم (ص) فرمـوده اسـت: ˮ مؤمـن آن اسـت کـه مـردم او را بـه جـان و مـال و خـون خویـش امیـن شـمارند.ˮ امـروز نـه خـون مـردم مصـون اسـت نـه جـان مـردم و نـه مـال مـردم. در کابـل یـک گفتـه داشـتیم کـه آفتـاب بـه دو انگشـت پنهـان نمیشـود. هـر روز ویدیـوی کـه پخـش مـی شـود چـه فقـر مـردم اسـت و چـه ظلـم اسـت و چـه بـی عدالتـی اسـت جگـر انسـان پـاره مـی شـود و هنـوز هـم میخواهنـد تفاهـم کننـد و میخواهنـد در انسـان کشـی سـهیم باشـند.

مـن دریـن نوشـتار از حـق آزادی قلـم و گفتـار کـه بـرای مـن قانـون ایـن کشـور ارزانـی داشـته واضـح بیـان مـی دارم آنهایکـه بـا طالبـان همـکاری مـی کننـد، تفاهـم مـی کننـد و آزادی مـردم و کرامـت مـردم را مصالحـه مـی کننـد اینهـا بـرای گرفتـن قـدرت میخواهنـد سـرمایه گـزاری کننـد نـه آزادی افغانسـتان از چنـگ یـک گـروه وحشـی و جاهـل.

جمعه مبارک
پنجشنه دوازدهم ماه مـی ۲۰۲۲

حدیث شماره ۷۶

جمعه مبارک

سلام عزیزان

حدیث مانند قرآن مجید تفسیر نمیشود زیرا حدیث سخن یک انسان است و اما قرآن به آیه است. آیه یعنی راز، سمبول و پدیده معنی میدهد. حدیث می تواند از یک زبان به یک زبان دیگر ترجمه شود و اما مانند قرآن تفسیر نمیشود. وجه مشترک قرآن مجید و حدیث این است که می تواند نظر به ایجابات عصر تفسیر شود مشروط بر اینکه مسلمان از دانش علوم امروزی برخوردار باشد. زیرا قرآن علم است و حدیث درست که مظهر قرآن است هم علم است. اما حدیث ثقه نه جعلی. حدیث گویای واقعی قرآن مجید و یا علم امروزی است. حدیث را اگر از ذهن خود تفسیر کنیم یک اشتباه بزرگ است زیرا ما نیت پیامبر اکرم (ص) را ندانسته در مورد سخن او ابراز نظر می کنیم. مثلاً حدیث پیامبر است که از گهواره تا گور دانش آموز. حالا ما نه می توانیم بگوییم که نیت پیامبر تنها علم قرآن بوده باشد. شاید همه علوم بوده باشد. یعنی ما در سخن پیامبر حدس زده نه می توانیم. اما قسمیکه گفتیم حدیث هم به اساس ساینس امروزی اگر دقت شود برای ما بسیاری مسائل را روشن می سازد.

در جامعه شناسی یک مبحث است زیر عنوان Functionalism این واژه را می توانیم کاربردی ترجمه کنیم. مثلاً یک بیمارستان بسیار مجهز ساخته شده است و اما اگر داکتران نباشد بیمارستان نمی تواند مصدر خدمت شود. یا همین بیمارستان مجهز اگر پرستار نباشد نمی تواند فعال باشد. یعنی از نگاه علمFunctionalism همه نظام به همه یک بافت دارد و بدون یک دیگر نمی تواند فعال باشد و یا مصدر خدمت شود. پس در یک سیستم یا نظام باید همه دست به دست هم دهند تا جامعه به دوران کاری خود فعال شود. همه برای همه کار میکنند. در جامعه باید همه شغل ها در

کنار هم باشد که جامعه بطور بسیار آرام و اصولی فعال باشد. دکاندار، نجار، برقی، معلم، بانکدار، پولیس، داکتر طب و غیره همه در کنار هم خدمت می کنند و کار میکنند و نفقه آورنده هستند و به گفته لورتین کینگ فقید رهبر سیاهپوستان آمریکا، هر کار شریف است وقتی به نفع جامعه باشد. حضرت رسول کریم (ص) فرموده است:

"بگذارید خداوند بعضی مردم را بوسیله بعضی دیگر روزی دهد" یعنی همه در کنار هم کار و فعالیت کنند. ما حدیث را درین جا تحلیل و تفسیر نکردیم بلکه اهمیت حدیث را در رابطه به علوم امروزی پیشکش کردیم. اما اگر یک حدیث تحلیل و تفسیر از ذهن یک انسان دیگر می شود در حالیکه نیت پیامبر را قسمیکه گفتیم ندانسته است درین جا ذهن شخص محدث مطرح می شود نه اینکه پیامبر (ص) گفته باشد. بگذار همه برای هم کار کنند و روزی بخورند گویای یک حقیقت علمی یا Functionalism است و تعجب آور است که چهارده صد سال قبل حضرت محمد (ص) به این موضوع علمی جامعه شناسی تماس گرفته است.

جمعه مبارک
پنجشنه ۱۹ ماه می ۲۰۲۲

حدیث شماره ۷۷

جمعه مبارک

سلام عزیزان

یکـی از اساسأت عمـده ای زندگـی مسـلمانان همـکاری و دسـت همدیگر را در امـور خیـر گرفتـن اسـت. آیـه قرانـی همکاری "تعاون" است.

۹ مـاه از اسـارت افغانسـتان میگـذرد و هـر روز تقبیـح کـردن اسـت، در تلویزیـون هـا رفتـن و مصاحبـه کـردن اسـت و طالبـان را محکـوم کـردن اسـت و امـا همکـاری بیـن گـروه هـای مخالـف وجـود نـدارد. حـزب و حـزب بـازی روحیـه تعاون را بسـیار ضعیف مـی سـازد و از بیـن مـی بـرد چنانچـه از بیـن بـرده اسـت. یـک دلیـل کـه حـزب و حـزب بـازی در جامعـه اسلامـی نفیـه شـده اسـت بـرای همیـن دلیـل اسـت کـه نفـاق و عـدم همکـاری را دامـن مـی زنـد. آیـه احـزاب، هـدف آن حـزب سیاسـی نیسـت. بـر عکـس هـدف آن رسـتگاری و خـدا پرسـتی در راه خـدا اسـت نـه حـزب سیاسـی. حـزب سیاسـی کـه نـام اسـلام را میگیـرد معنـی آن ایـن اسـت کـه آنهـا از دیگـران مسـلمان تـر هسـتند و ایـن خـود گنـاه اسـت کـه یـک شـخص بـا گـروه خـود را بلنـد تـر از دیگـران بدانـد. حتـی قـرآن در رابطـه بـه حـزب، از حـزب شـیطان هشـدار میدهـد.

امـروز در افغانسـتان گـروه هـای سیاسـی و مدنـی زیـاد هسـتند و امـا چـون حـس همکـاری مـرده اسـت هـر کـس دول خـود را مـی زنـد کـه گـروه آنهـا خوبتـر معضلـه افغانسـتان را حـل کـرده مـی توانـد و امـا خـوب کـه دقـت کنـی اگـر بـه نـام اسـلام اسـت، توقـع دارنـد کـه سـبک اسـلام آنهـا را قبـول کنـی و اگـر اسـلام نیسـت خـود شـان سـردرگم هسـتند کـه چـه کننـد. از زمـان COVID-19 بـه اینسـو اقـلاً پنجـاه کنفرانـس و صـد هـا صحبـت هـای تلویزیونـی از طریـق سیسـتم زوم صـورت گرفتـه اسـت و از وزیـر گرفتـه تـا نماینـده و سـفیر و غیـره بـا القـاب بـزرگ دور هـم جمـع مـی شـوند بـدون اینکـه اندیشـه داشـته باشـند و یـا راه حـل را بداننـد. محکـوم میکننـد کـه حالـت موجـوده درسـت نیسـت و امـا راه حـل را نمیداننـد. آنهایکـه بسـتگی هـای بـا

آمریکا دارند عار میدانند که نام اسلام را بگیرند زیرا اگر نام اسلام را بگیرند کمک ها برای نهاد های شان قطع می شود.

حضرت رسول کریم فرموده است: " مردم همیشه در خیر خواهند بود تا وقتیکه در نیکی و پرهیزگاری یکدیگر را یاری می رسانند." امروز ما به همدیگر یاری نه می کنیم. اسلام را نادیده میگیریم. خدا را در امور خود فراموش کردیم. تنها یاد داریم که ریش داشته باشیم و نماز بخوانیم (کسانیکه میخوانند)، اما نماز"روبات" و بدون هدف. اینکه چطور حل مسائل کنیم نمیدانند. یک عده بسیار بیشرمانه از طالبان دفاع می کنند و یک عده بدون اینکه یک نسخه برای نجات افغانستان داشته باشند میخواهند مفاهمه کنند. در حالیکه دین به ما می گوید که با جاهل و نادان نه جانبداری درست است و نه مفاهمه.

ما همه باید در مورد افغانستان آزاد و بدون استثمار همدست شویم و همکاری کنیم اگر میخواهیم که مردم از اسارت آزاد شوند.

جمعه مبارک
پنجشنه ۲۶ ماه می ۲۰۲۲

حدیث شماره ۷۸

جمعه مبارک

سلام عزیزان

یکسـال قبـل یک جـوان آمریکایـی فـوت کـرد و یکـی از دوسـتان او و از مـن خواهـش کـرد تا یک متـن به انگلیسـی بنویسـم و مِـرگ را در اسـلام تشـریح کنم. خـوب، یـک متـن تهیـه شـد کـه فعـلاً در سـایت مـن اسـت و مـی توانیـد مطالعـه کنیـد.

امـروز اطـلاع یافتـم کـه یک جـوان افغانسـتانی فـوت کـرده اسـت و لازم دانسـتم تـا بـه فارسـی چنـد نکتـه بنویسـم.

اول اینکـه مـرگ یکـی از راز هـای خداونـد اسـت کـه نـه علـم و نـه ساینس ثبـوت کـرده مـی توانـد کـه دقیقـاً چـه وقـت یـک انسـان ایـن جهـان فانـی را تـرک مـی کنـد. مـا نـه مـی دانیـم کـه چـه زمـان، در کجـا، بـه کـدام حالت چنانچـه رهبر یـک گـروه مذهبـی کـه خـودش را مسـلمان میگفـت و از روی ادب اسـلامی نـام نمیگیـرم در بیت الخـلا فـوت کـرد! بـه کـدام سـن و سـال ایـن جهان را تـرک مـی کنیم. مـرگ پیـر و جـوان، ثروتمنـد و مسـتمند، زبـان و نـژاد و رنـگ و پوسـت و ملیت نـه مـی شناسـد. همـه میمیرنـد. کل نفـس ذائقـه المـوت. هـر کسـی کـه دریـن دنیـا آمـده اسـت ذایقـه مـرگ را مـی چشـد. جالـب ایـن اسـت کـه منحیـث مسلمان مـی دانیـم کـه از پیـش خـدا آمـده ایـم و پیـش خـدا مـی رویـم یعنـی انا لله و انا الیـه راجعـون و امـا آمـدن نـوزاد را جشـن میگیریـم و رفتـن او را ماتـم مـی کنیـم در حالیکـه خـوب میدانیـم کـه مـا همـه دریـن جهـان هسـتی بـرای یـک دیگـر یـک امانت هسـتیم. اولاد بـه والدیـن یـک امانـت اسـت. زن بـه شـوهر و شـوهر بـه زن. بـرادر بـه بـرادر و خواهـر بـه خواهـر. دوسـت بـه دوسـت، همـه و همـه امانـت خـدا هسـتیم و بایـد از همدیگـر خـوب غمخوریشـی کنیـم زیـرا ایـن امانـات خـدا روزی پیـش مـا نخواهـد بـود. مـا مـی دانیـم کـه مـرگ سـن و سـال نـدارد و امـا چنیـن تصـور مـی کنیـم کـه بایـد جـوان نمیـرد و اگـر پیـر بمیـرد وقتـش بـود در حالیکـه وقـت و زمـان رفتـن بـه

پیـری و جوانـی تعلـق نـدارد. اگـر مـا فکـر کنیـم کـه پیر خیـر اسـت کـه بمیـرد و جـوان نمیـرد پـس العیـاذ بـالله خدا فاشیسـت اسـت!

درسـت اسـت کـه رفتـن عزیـزان سـخت تمـام مـی شـود و مخصوصـاً کـه کـودک باشـد و یـا جـوان باشـد چنانچـه قاسـم پسـر حضرت محمد (ص) دنیـا را وداع کـرد و محمـد (ص) بـه آهسـتگی و بـدون سـر و صـدا اشـکش در رخسـارش دیـده شـد. اگـر مـا ایمـان قـوی بـه خداونـد، و حکمـت خداونـد داشـته باشـیم بایـد افکار باطـل را از مغـز خـود بـه دور کنیـم زیـرا همـه رفتنـی هسـتیم و بعضـی وقـت مـی شـود کـه مـرگ یـک نعمـت خداسـت. راز رفتـن را مـا نـه میدانیـم کـه در چـه اسـت ؟ زندگـی هـم یـک تحفـه خداسـت و امـا امانـت اسـت و بایـد ازیـن تحفـه بـه شـکل و صـورت کـه خـدا از مـا توقـع دارد لـذت ببریـم.

عزیزان!

پیشـوای اسـلام (ص) فرمـوده اسـت: کـه نـه در خوشـحالی بسـیار خوشـحالی کنیـد و نـه در غـم بسـیار غـم کنیـد و ایـن تعـادل روح و روان انسـانی را اسـتوار نگهـه میـدارد.

متأسـفانه مـا فکـر مـی کنیـم کـه مـرگ یـک هیولاسـت. در حالیکـه مـرگ از دیـد اسـلام یـک وصلـت اسـت بـه خداونـد. مـا ماننـد فیلسـوف فرانسـوی دکارت فکـر نـه مـی کنیـم کـه گفـت:

I think, Therefore, I am مـن فکـر مـی کنـم پـس وجـود دارم. در اسـلام انسـان ماننـد علـف هـرزه نیسـت کـه از جهان رفـت، زندگـی اش تمـام شـد. مـا بـه خـدا مـی پیوندیـم. مـا اعتقـاد بـه حیـات جاودانـی داریـم. مـا اعتقـاد داریـم کـه از جهـان فانـی بـه جهـان جاودانـی پیونـد حاصـل مـی کنیـم. وقتـی یـک عزیـز مـا بـه خـدا وصـل مـی شـود مـا بایـد از خاطـرات خـوب او تجلیـل کنیـم و حتـی نیکـی هـای او را الگـو قـرار دهیـم نـه اینکـه ماتـم کنیـم. در اسـلام ماتـم نیسـت و امـا سـوک اسـت کـه مـدت آن فقـط سـه روز اسـت کـه خانـواده هـا دوبـاره بـه زندگـی نورمـال و عـادی برگردنـد. در وقـت رفتـن عزیـزان، پیامبـر (ص) فرمـود کـه بـه سـر و روی زدن، سـر خـود خـاک پاشـیدن، چیـغ زدن همـه از آثـار دوره جاهلیـت اسـت. مـا هرگـز مـرگ را نبایـد فرامـوش کنیـم و بـه

فرزندان خود بگویم تا همه این آمادگی را داشته باشند. از نگاه روانشناسی یاد کردن مرگ یک آرامش خاطر به بار می آورد. حضرت رسول کریم (ص) فرموده است: که "مرگ را بسیار به خاطر بیاور زیرا یاد مرگ تو را از رنج های دیگر تسلیت میدهد."

پیامبر (ص) فرمود که دعا مغز عبادت است. چه خوب است که به گذشتکان و آنانیکه دیدار خداوند نصیب شان شده است و به وصل رسیده اند دعا کنیم و هر گز فراموش نکنیم که دین و دنیا برای ما یک امانت است و استفاده کنیم لذت ببریم و اما دلبند به آن نیاشیم زیرا می تواند یک آزمایش بزرگ باشد چنانچه رب العزت فرمود.

انما اموالکم و اولادکم فتنه

جمعه مبارک
دوم جون ۲۰۲۲

حدیث شماره ۷۹

جمعه مبارک

سلام عزیزان

از نگاه جامعه شناسی، اسلام آمد تا اول مردم متمدن شوند، دوم با اخلاق زندگی کنند و سوم عادل باشند.

متأسفانه کشور های اسلامی بعد از انقراض امپراطوری اسلامی ترکیه عثمانی، زیر یوغ استعماری و استثماری غرب رفت. اقلاً در گذشته با همه ناملایمات، کشمکش های سیاسی، جنجال های مذهبی و غیره مردم با یک فرهنگ سالم زندگی میکرد و مهم تر اینکه مردم بی اعتقاد نبودند، مرتد نبودند و بی فرهنگ نبودند. مردم با اعتماد به خداوند، ترس از روز آخرت، مردانگی (زن و مرد) شهامت و جوانمردی زندگی میکردند.

گویند"چیزی آرد تر و چیزی آسیا کند"، مسلمانان در یک خلای بزرگ فرهنگی قرار گرفتند. اگر حزب به نام اسلام عرض اندام کرد به مردم خیانت کرد، اگر به نام عالم مردم کسی را شناختند، دین خود را مصالحه کرد. و یا غلط معرفی کرد. هر قدر تحصیل یافته شد به همان اندازه بی دین شد. و از جانب دیگر. دست اندازی و تخریب و خیانت به دین و مردم توسط قوه های اجنبی ما را مطلق از مسیر انسانیت کشید. مردم مسلمان امروز با مدنیت زندگی نمی کنند، و از عدالت قطعاً خبری نیست. از اخلاق اسلامی اثری نیست. چند روز قبل یک نفر نادان که در صفحه فیسبوک او کلمه طیبه و آیات قرآن است متوجه شدم که همین شخص که داد از اسلام می زند یک بانوی محترم را چنان با الفاظ رکیک مورد حمله قرار داده است که انسان به حیرت می افتد که این شخص به کدام معیار خودش را مسلمان می گوید.

دیروز هشتم ماه جون ۲۰۲۲، سایت بین المللی سیاست افغانستان از یک طالب و یکی دو نفر دیگر دعوت کرده بود تا سر حقوق بانوان صحبت شود. طالب زنگ زد که پسان تر می آید. یک ساعت منتظر ماندند و نیامد در حالیکه وعده کرده بود. برنامه پخش نشد. چون طالبان مردمان قومی و قبائلی و قریه یی

هستند از مدنیت اسلام بوی نه می برند. حضرت رسول کریم (ص) فرموده است: "که منافق کسی است که دروغ می گوید؛ به وعده وفا نه می کند و امانت را خیانت می کند." در دور اول هم که این گروه نادان به قدرت رسیدند من با ایشان در خانه یکی از دوستان در شمال کلیفورنیا دیدار کردم. در آنوقت یک و نیم ساعت ناوقت آمدند. برای مردم ما ناوقت کردن و به وقت نبودن یک امر طبیعی است و اما برای کسانیکه اداره یک کشور را به دست دارند و رهبران شان باید نمونه از اسلامیت باشد طبیعی نیست و این اعمال نشانه های منافقت ایشان است که مردم باید بدانندو آگاه شوند. به عبارت دیگر برای بار دوم کشور با یک گروه منافق سردچار شده است و اینکه به مردم چه خیانت ها را روا داشته اند و خائن دین هستند بحث جداگانه است و شما از کاروایی های شان بر علیه مردم به شمول کشتن مردم بیگناه اطلاع دارید. زیرا کسانیکه به مردم به نامِ حزب زیر نام اسلام و گروه سیاسی و غیره خیانت کرده اند اصلاً اینها وقتی تفسیر امانات را در قرآن مجید می خوانیم به دین خیانت کرده اند. در اسلام بزرگترین خیانت، خیانت به دین است و اما با تأسف چون پیروان از اسلام بیخبر اند فریب این دلقک بازی ها را به نام حزب و اسلام خورده اند.

چرا ما راهیاب نه می شویم برای اینکه ما در اثر خیانت های زیر عنوان اسلام، دین و سنت، و حزب همه هویت فرهنگی که پدران ما داشت از دست داده ایم و این بی هویتی و بی فرهنگی علاج آن فوق العاده مشکل است و از همین سبب است که یک گروه نادان و جاهل به نام اسلام در قدرت است زیرا مردم را درین چند سال توسط کمونیست های خائن به دین، گروه های فروخته شده به پاکستان زیر عنوان حزب و اسلام و خائن به دین بی هویت ساخته شده اند. فکر می کنند که هویت در پیراهن و تنبان و نیم متر ریش است.

جمعه مبارک
پنجشنه نهم ماه جون ۲۰۲۲

حدیث شماره ۸۰

جمعه مبارک

سلام عزیزان

غیرت افغانستانی میراث عرب جاهلی است.

وقتی ما انتروپولوژی عرب قبل از اسلام را مطالعه می کنیم می بینیم که بعضی از واژه ها و کردار ها به نام دین وارد متون دینی ما شده است که اساساً قبل از اسلام وجود داشته است و اما اسلام معنی و روحیه آنرا تغییر داد. چنانچه طواف در دور کعبه قبل از اسلام وجود داشت و اما اسلام محمد (ص) رو حیه طواف را تغییر داد ورنه قبل از اسلام کفار هم در دور کعبه طواف میکردند. یکی ازین واژه های جاهلیه که اسلام معنی و عملکرد آنرا تغییر داد غیرت است که ما مطلق در معنی آن به اشتباه رفتیم و یا توجه نکردیم. یکی دو حدیث که در باره غیرت آمده است معنی آن این نیست که مردم را، مخصوصاً بانوان را از حقوق حقه اسلامی شان محروم کنیم. یک معنی غیرت در زبان عربی شجاعت است. مردان و زنان غیور یعنی مردان و زنان شجاع. در اسلام، وقتی تاریخ را مطالعه می کنیم، شجاعت مرد و زن ندارد. اسلام غیرت های قومی و قبائلی را که امروز در جامعه ما منحیث یک اصل اجتماعی پذیرفته شده است منع می کند و اصل غیرت در دین است نه در مسائل اجتماعی و یا دفاع از زنان. وقتی پیامبر (ص) از واژه"غیره" سخن می گوید هدف اش پاسداری از دین است نه چیز دیگر. اما باید بدانیم که پاسداری از دین این نیست که همسر خود را کنترل کنیم که همرای کی ها صحبت می کند و یا نمی کند. یا مانند طالبان نادان دختران را از حق آموزش و پرورش منع کنیم. غیرت آن است که چیزیکه خدا حرام کرده شما از آن جلوگیری می کنید. به این حدیث توجه کنید که از نهج الفصاحه که دانشمندان شیعه گردآوری کرده اند نقل قول می کنم. حدیث چنین است: ان الله تعالی یغار و ان المؤمن یغار و

غیره الله، إن یاتی المؤمن ما حرم الله علیه یعنی خداوند غیرت دارد و مؤمن غیرت دارد، غیرت خدا اینستکه [وقتی] مؤمن مرتکب کاری شود که خدا حرام کرده است. می بینید که اول غیرت خاص برای خدا و دین است یعنی خدا غیرت دارد و چون مؤمن خلیفه خدا در زمین است، او هم غیرت دارد اما در راه دین وقتیکه از حرام دوری می کند نه اینکه از مذهب خود دفاع کند یا از همسر خود دفاع کند و یا مردم را به نام غیرت از حق و حقوق شرعی منع کند. امروز اگر یک دختر همرای یک مرد جوان سخن می گوید برادر دختر با مشت در دهن او می کوبد که چرا همرای خواهرش سخن گفته است. زن یعنی همسر هم غیرت نیست. یک زن حق دارد طلاق بخواهد که این را خلع گویند و بعد از دوره عده با یک کسی دیگر ازدواج کند. غیرت چه شد؟ دختران حق دارند تا زوج خود را، خود شان انتخاب کنند. در کجای این برخورد اجتماعی غیرت است؟ خداوند هم نمی خواهد که از دین او به شکل وحشیانه دفاع کنید که اگر کسی کفر گفت فوراً او را سر ببرید. تنها در میدان جنگ اگر یک کافر به اسلام حمله می کند درینصورت کشته می شود چنانچه حضرت علی رض یک کافر را در میدان جنگ وقتی به اسلام حمله کرد کشت. یعنی علی (رض) وقتی به خودش توهین شد آن کافر را نکشت بلکه وقتی به اسلام حمله کرد او را کشت. یعنی علی (رض) غیرت دینی را تمثیل کرد. در حدیث دیگر حضرت رسول کریم (ص) میخوانیم اینکه إن الله تعالی یحب من عباده الغیور یعنی خداوند بارک و تعالی بندگان شجاع خود را دوست دارد. اینجا هدف از شجاعت پاسداری دین و مبارزه در راه دین است.

واژه غیرت در فرهنگ ما مطلق غلط فهمیده شده است. فهرست غیرت هایکه از فرهنگ قومی و قبائلی عرب رسیده است:

کسی طرف زن تان نگاه کرد باید. او را بکشید در حالیکه زن از خود شخصیت دارد و به من و تو نیاز ندارد که دفاع کنیم. خودش از خود دفاع می کند. غیرت افغانستانی ما این است که اولاد مسلمان بیسواد است و ما بیتفاوت هستیم یعنی از دین خود

پاسداری نکردیم. اولاد مسلمان با فقر دست و پا می زند و ما سیل بین هستیم در حالیکه کمک به فقرا و دست آنها را گرفتن غیرت دینی است چیزیکه ما نداریم. شیعه و سنی با طالبان میخواهند کنار بیایند در حالیکه با جاهل کنار آمدن گناه است و حتی امام جعفر صادق (علیه الرحمه) گفته است که با احمق دوست نباشید، غیرت ما چه شد؟

در تلویزیون ها دین اسلام را توهین می کنند و اشخاص نادان هر روز به مخالفت دین سخن می گوید غیرت ما چه شد؟؟ خلاصه کلام این است که غیرت در اسلام پاسداری از دین است نه موضوعات که به نام غیرت در کشور همدیگر را می کشیم. غیرت واژه ایست که قبل از اسلام در فرهنگ عرب وجود داشته است و ما همان شکل قومی و قبائلی آنرا در کشور تطبیق می کنیم نه آنکه تعریف که خدا از غیرت دارد.

به اساس تعریف کسانیکه از دین دفاع نه میکنند بی غیرت هستند اما دفاع این نیست که مردم را سر بزن و یا توهین کن. دفاع آن است که با دلایل علمی و سخن نیکو و جدی از دین دفاع باید کرد و به آنانیکه به دین حمله می کنند جواب دندان شکن باید داد. خاموشی در مورد دین که مورد حمله قرار میگیرد بی غیرتی است. امروز مسلمان شیعه و سنی از دین دفاع نه می کند اویکه متعصب قومی است از مذهب دفاع می کند، از زبان دفاع می کند، از قوم دفاع می کند. که همه ای اینها بی غیرتی است.

جمعه مبارک
پنجشنه ۱۶ جون ۲۰۲۲

حدیث شماره ۸۱

جمعه مبارک

سلام عزیزان

یکی از مشکلات جوانان در غرب انتخاب همسر است و یک عده زیاد جوانان دختر و پسر به دلایل مختلف مجرد هستند که از نگاه اسلام درست نیست زیرا از دید و بینش اسلام زن و مرد مکمل همدیگر هستند و از همین سبب نکاح سنت مؤکد است. یک عده زیاد در افغانستان مجرد هستند به خاطر اقتصاد خراب و توقعات بیجای والدین و دختران از مردان که این هم خلاف اسلام است که پول را معیار اساسی نکاح قرار میدهند در حالیکه حضرت رسول کریم (ص) کم ترین مهر را برای نکاح توصیه کرده است حتی اگر یک دانه خرما باشد. حضرت امام ابوحنیفه علیه الرحمه برای اینکه کار مردم را آسان کرده باشد سی درهم مهر را تعیین کرد تا جوانان را به نکاح کردن تشویق کند که مشهور است به نام سی درهم شرعی. اما این فقط نظر امام ابوحنیفه بود نه اینکه مهر سی درهم باشد.

در غرب روز به روز انتخاب همسر چه مرد باشد و چه زن باشد مشکل شده می رود زیرا از دید دختران، مردان متعهد به زندگی زناشویی نیستند، بعد از ازدواج دختران را کنترل می کنند، یک تعداد شان "بچه ننه" است و هر گپ را به جای اینکه با همسرش مشوره کند با مادرش می گوید. مردان، دختران را برابر به خود نه می دانند و فکر میکنند که دختران در عقل کم تر هستند. یک تعداد که در غرب به اسلام گرویده اند زیاد تر اسلام وهابی است و دختران حتی اجازه ندارند که دیدن والدین خود بدون اجازه شوهرش برود در حالیکه قرآن می گوید "والارحام" یعنی از خویشاوندان مبرید. هیچ کس حق ندارد یک زن را از دیدار خانواده اش محروم کند. مشکل در نوشته هایی غیر شرعی در حاشیه کتب مانند صحیح بخاری است که مترجم از شکم خود بعضی مطالب را

که خلاف شریعت است نوشته است است. یک عده جوانان مرد اجازه میدهند که مادران و خواهران شان مخصوصاً در زندگی پسر شان مداخله کند که این سطح پایین فرهنگی خانواده را نشان میدهد.

بنده از سی و پنج سال که به خانواده ها از نگاه اسلام مشوره میدهم و دفتر حل و فصل منازعات خانوادگی را در چارچوب اتحادیه افغانستانی ها به روی مردم مسلمان افغانستان گشودم، دریافتم که دلیل شماره یک منازعات خانوادگی مداخله خانواده ها در امور زن و شوهر است. حتی خانواده های که خود را چیز فهم می دانند و یا به اصالت خانوادگی خود افتخار می کنند در امور دختر شان و یا پسر شان مداخله می کنند در حالیکه قرآن مجید می گوید که "و لا تجسس" یعنی در امور دیگران تجسس نکنید و یا مداخله نکنید .

بعضی مرد ها که همسران شان کار نه می کند پول کافی در اختیار همسرش قرار نمیدهد و مصارف را چنان کنترل می کند که گویی زن خدمه منزل است و حق و حقوق اقتصادی ندارد. یک عده مردان اجازه نمیدهند تا همسر شان تحصیل کنند که نشود همسر شان در کالج چشم سفید نشود. مشروب نوشی جوانان یک معضله دیگر است که خانواده ها را تباه کرده است.

امروز اکثر دختران در غرب تحصیل کرده هستند و خود شان کار می کنند و نفقه آورنده هستند. یعنی احتیاج به شوهر که او را اعاشه کند ندارند. دختران به یک "پارتنر" یا رفیق زندگی نیازمند هستند نه اینکه او را اعاشه کند. نفقه در غرب بی معنی شده است. رویه نا مناسب جوانان مرد باعث شده است تا دختران از جوانان افغانستانی دلسرد شوند و با غیر مسلمان نکاح کنند که این یک معضله خانوادگی دیگر را به بار آورده است. یک عده دختران با ایرانی و پاکستانی به نام اینکه مسلمان است نکاح کرده اند غافل ازینکه اکثر ایرانی ها و پاکستانی ها متعصب تر از مردم افغانستان است و این را هم به چشم خود دیده ام. یک عده دختران از افغانستان شوهر وارد کرده اند که ۹۵ در صد نتیجه خراب داده است زیرا دختر با فرهنگ آمریکایی بزرگ شده است و

پسر با فرهنگ افغانستانی که فکر می کند زن بدون قید و شرط نوکر مرد است. یک عده جوانان از افغانستان به خاطر آمریکا آمدن و یا اروپا آمدن ازدواج کرده اند و به مجردیکه ویزای اصولی اقامت را گرفته اند دختر را طلاق گفته اند که این یک مشکل دیگر را به بار آورده است.

شکایت یک عده جوانان مرد این است که دختران یاد ندارند که شوهر شانرا احترام کنند. مشوره را یاد ندارند. فکر می کنند که دموکراسی همین است که هر چه دلت خواست بکنی. دختران در غم به اصطلاح خانه ساختن نیستند. دختران اجازه میدهند تا مخصوصاً مادر شان در امور شان مداخله کند. لباس های جلف می پوشد بدون اینکه توجه داشته باشد که یک بانوی مسلمان است. در حضور دیگران شوهرش را کم می زند و حتی ریشخند می کند که این هم سطح پایین خانوادگی را نشان میدهد که یک زن، شوهرش را تحقیر و توهین کند و بنده این را به چشم دیده ام.

مشکل عمده ای جوانان درین است که نکاح می کنند بدون اینکه بدانند که چرا نکاح می کنند. حتی در وقت نکاح از عروس سوال کرده ام که مهر تو چه مبلغ است. برای من جواب داده است که "او چیست ؟" پدران و مادران ناکام مانده اند که مسائل ابتدائی اسلام را برای اولاد شان تدریس کنند. نکاح کردن یک رواج و عنعنه است نه اینکه دختران و پسران متعهد به اسلام باشند. یک عده جوانان نکاح می کنند بدون اینکه به اسلام اعتقاد داشته باشند. مرد و زن مسئولیت های شانرا نه می دانند. نکاح برای مردم اهمیت ندارد زیرا اکثراً متکفل عقد نکاح، مجلس نکاح را بی اهمیت ساخته است. تشریح نه می کند که یک مجلس بسیار خجسته است چنانچه حضرت رسول کریم (ص) خودش نکاح دخترش بی بی فاطمه الزهرا (رض) را با حضرت علی (رض) عقد کرد. مردم متعصب قومی و قبائلی دختر را در عقد نکاح اجازه نمیدهند. به یاد دارم برای عقد نکاح از آمریکا به فرانسه دعوت شده بودم و دختر را اجازه ندادند که در عقد حضور به هم

رساند. در حالیکه بـی بـی فاطمـه زهـرا در عقـد خـود حضـور داشـت و بـدون حضـور دختـر در مجلـس نـکاح درسـت نیسـت و شکسـتاندن سنـت رسـول خداسـت.

امیـدوارم جوانـان مـا بـه اسـاس معنویت خجسـته اسلام کـه مـن هیـچ روش زندگـی را بهتـر از اسـلام محمـد(ص) نیافتـم ایـن سنـت را بـه جـا کننـد و زندگـی هـای بـا عـزت داشـته باشـند و بـه خاطـر تکامـل انسـانی ازدواج کننـد نـه پـول و نـه ویـزه آمریـکا و نـه تحصیـلات بلنـد و نـه نـام خانوادگـی.

جمعه مبارک
پنجشنه ۲۳ جون ۲۰۲۲

حدیث شماره ۸۲

جمعه مبارک

سلام عزیزان

در مـاه ذوالحجـۀ قـرار داریـم و عیـد سـعید اضحـی یـا قربـان نزدیـک است.

یکـی از مبـارزات بسـیار قانـع کننـده و خطرنـاک مخالفیـن اسـلام و آنانیکـه ضـد دیـن اسـلام هسـتند، ضـد قـرآن مجیـد هسـتند و ضـد محمـد (ص) هسـتند تبلیغـات جـان دار بـر علیـه ادای حـج اسـت و بزرگتریـن اسـتدلال شـان ایـن اسـت کـه مـردم در فقـر زندگـی مـی کننـد و فلانـی حـج مـی رود. آنانیکـه اعتقـاد ضعیـف دارنـد ایـن اسـتدلال بـرای شـان بسـیار قانـع کننـده اسـت. بـه فکـر فـرو مـی رونـد کـه راسـتی حـج برونـد و یـا نرونـد؟ فرامـوش مـی کننـد کـه حـج از پنـج بنـای مسـلمانی اسـت و رد عمـدی آن کفـر اسـت و اویکـه اسـتعداد رفتـن دارد و نـه مـی رود گنهـکار اسـت، اگـر بـه اصـول دیـن خـود پایبنـد اسـت.

ایـن موضـوع را بـه خاطـر دریـن شـماره انتخـاب کـردم کـه یـک عزیـز کـه معلـوم مـی شـد اعتقـاد ضعیـف بـه اسـلام دارد چنـد روز قبـل بـه مـن زنـگ زد تـا یـک مضمـون بنویسـم کـه در کـدام ژورنـال آنلایـن بـه نشـر بسـپارد و مـردم را دریـن حالـت فقـر و بیچارگـی از رفتـن حـج بـر حـذر کنـم. برایـش گفتـم کـه عزیـز مـن نـه خـود را مسـخره بسـاز و نـه کوشـش کـن کـه مـن را بـرای اهـداف کفـر آمیـز خـودت بازیچـه بسـازی.

عزیزان،

همـه اشـخاص بـی دیـن، اشـخاص ضـد قـرآن مجیـد و محمـد (ص) هسـتند بایـد بداننـد مـا کـه مسـلمان هسـتیم و بـه حـج و رفتـن بـه حـج سـخت اعتقـاد داریـم و هرگـز دیـن خـود را مصالحـه نـه مـی کنیـم و همچنـان بایـد بداننـد کـه مـا مسـلمانان در کنـار اینکـه مالیـه

دولت آمریکا و ایالت که زندگی می کنیم می دهیم، ما سالانه زکات می دهیم برای اینکه غذای که می خوریم، لباس که می پوشیم، خانه که زندگی می کنیم و موتر که سوار می شویم برای ما حلال نه می شود اگر زکات نداده باشیم. شما بدانید که ما ماهوار صدقه می دهیم و علنی و مخفی مردم را کمک می کنیم. ما حتی صدقه علم داریم که شما مردم بی دین ندارید. صدقه علم آنست که چیزیکه آموختیم با دیگران شریک می شویم زیرا علم زیور جامعه مسلمان است.

حج انسان ساز است. حج به انسان کرامت انسانی را تدریس می کند. مؤمن با حج رفتن موجودیت خود را درین جهان هستی درک می کند و خودش را می شناسد. من در زندگی بسیار سفر کردم و اما زیبا ترین سفر من سفر حج بود و اما کسی این زیبا یی را درک می کند و در طواف اشک خوشی می ریزد که معتقد باشد.

عزیزان معتقد به قرآن و ارشادات حضرت رسول کریم (ص) محتاط باشید که آنانیکه دین ندارند شما را مغز شویی می کنند و اعتقاد تانرا ضعیف می سازند. احتیاط کنید که فریب نخورید. میخواهند بزرگترین کانگره جهانی مردمی را که در جهان وجود ندارد مسخ کنند و شما را بی اعتقاد بسازند. وقتی شما استثمار می شوید که در اعتقاد خود ضعیف شوید. در مورد فضلیت ماه ذوالحجهٔ در متون دینی ما زیاد آمده است. حضرت رسول کریم (ص) فرموده است که: "به حج روید تا بی نیاز شوید و سفر کنید تا سالم بمانید." در حدیث دیگر آنحضرت (ص) میخوانیم که "حج مقبول پاداشی جز بهشت ندارد."

عزیزان من: اگر امکانات حج برای شما میسر است معطل مکنید زیرا نمیدانید که تا سال آینده درین دنیا هستید یا خیر. بار ها برای جا های دیدنی سفر می کنید. دیدن دوستان و عزیزان به دیگر کشور ها سفر می کنید و وقتی ایام حج می شود باید زود تر اقدام کنید و غفلت نکنید که غافل را خدا دوست ندارد.

بهترین کتاب حج را مرحوم دکتر علی شریعتی جامعه شناس مشهور ایرانی زیر عنوان حج نوشته است و بخوانید و عظمت حج را بدانید و گوسفند قربانی را فراموش نکنید که لذت این عید در قربانی است زیرا شما با قربانی به حکمت پرودگار لبیک می گویید و برکت را در زندگی خود دعوا می کنید.

جمعه مبارک
پنجشنبه ۳۰ ماه جون ۲۰۲۲

حدیث شماره ۸۳

جمعه مبارک

سلام عزیزان

یکی از عزیزان در گروپ جمعه مبارک که متصدی آن خودم هستم از سر تا سر دنیا دور هم جمع هستند تا از همدیگر بیاموزند و همه در همین کوشش هستیم تا یک مسلمان بهتر باشیم، از روی غضب در یکی از پست ها به اشرف غنی لعنت گفت. من بسیار سخت آزرده شدم که اعضای گروپ من از اخلاق اسلامی به دور می شوند. ما دور هم جمع شدیم تا از همدیگر ادب و اخلاق و زندگی مدنی را بیاموزیم و مسلمانان پیشرفته، تحصیل یافته و متمدن باشیم. لعنت گفتن به یک شخص بسیار زیاد گناه دارد. ما می توانیم اختلاف نظر در امور سیاسی داشته باشیم و اما فحش و دشنام و توهین و اهانت در اسلام محمد(ص) اجازه نیست. اگر اشرف غنی خیانت کرد، نادانی کرد، کشور را دو دسته به یک گروپ نادان تقدیم کرد و وطن را بیچاره کرد همه می دانیم و اما او اول نزد خدا، و بعد مردم به اساس قانون که در آینده باید حساب دهی داشته باشد مسؤل است نه اینکه ما هر کدام او را سوته کاری کنیم و یا توهین کنیم. تفاوت میان یک مسلمان متمدن و خوش اخلاق و طالب در چیست که طالبان داکتر نجیب را بدون محکمه به دار زدند. این دفاع از اشرف غنی و یا داکتر نجیب نیست. دفاع از اخلاق اسلامی و مدنیت اسلامی است که هر برخورد ما در سطح خانوادگی و اجتماعی و سیاسی بر اساس عدالت و اخلاق و قانونمندی باشد. جامعه باید از حالت بربریت و وحشت به سوی قانونمندی سوق داده شود. چقدر همه رنج بردند وقتی یک زن را بدون محکمه طالبان در استدیوم کابل تیر باران کردند. چقدر همه رنج بردیم وقتی فرخنده را بدون محکمه شهید کردند. این اعمال به خاطر است که جامعه بدون تربیه مدنی است و تربیه مدنی ایجاب اخلاق و تربیه بلند را می

کنـد. مشکـل مسلمانان ایـن اسـت کـه مسلمان هسـتند بـدون اینکـه فرهنـگ اسلامی داشـته باشـند و ایـن مشکل هـم در خانـواده هاسـت و هـم در اجتمـاع مـا.

از نـگاه جامعـه شناسـی اسلام آمـد تـا اول مـردم متمـدن شـوند یعنـی بـه اسـاس قانـون زندگـی کننـد، از تعصـب و تبعیـض و تنـک نظـری دوری کننـد، بـه حیـث یـک امـت واحـد عـرض انـدام کننـد، حقـوق و آزادی همدیگـر را پایمـال نکننـد، در امـور همدیگـر تجسـس نکننـد، زنـان را بـا مـردان در اجتمـاع خواهـر و بـرادر بداننـد و حقـوق زنـان را غصـب نکننـد و زندگـی مدنـی یـا شـهری Civil داشـته باشـند و هـدف مدینـه منـوره همیـن بـود. دوم مـردم بـا اخـلاق زندگـی کننـد. توهیـن و اهانـت نکننـد. همدیگـر طعنـه و کنایـه نگوینـد. فحـش نگوینـد لعنـت نکننـد و دروغ نگوینـد. امانـت مـردم را خیانـت نکننـد، وعـده خلافـی نکننـد، تهمـت نکننـد و راسـت باشـند و زورگویـی و "بـد ماشـی" دوری کننـد و مـردم نـزد قانـون مسـؤل باشـد نـه اینکـه مـا هـر کـدام قانـون را بـه دسـت بگیریـم. انارشـی شـاخ و دم نـدارد. یـک مـردم بـا اخـلاق و متمـدن بـه قانـون تکیـه مـی کنـد.

سـوم اسلام آمـد تـا مـردم عـادل باشـند و ایـن عـدل بـرای مسلمانان تنهـا نیسـت بلکـه همـه مخلـوق خـدا بایـد عـادل بـود. مـال مـردم، جـان مـردم امانـت مـردم , حیوانـات و نباتـات و محیـط زیسـت بایـد مصـون باشـد.

حضـرت رسـول کریـم فرمـوده اسـت کـه: " مؤمـن طعنـه گـر و لعنتگـر و بدگـو و بـد زبـان نیسـت." احادیـث زیـاد در مـورد لعنـت کـردن کـه مسلمانان اجتنـاب کننـد در متـون دینـی مـا درج اسـت و ایـن همـه بـرای ایـن اسـت کـه مـا اخـلاق اسلامی و فرهنـگ اسلامی داشـته باشـیم. اسلام تنهـا بـه نمـاز خوانـدن و روزه گرفتـن و حـج رفتـن نیسـت. یـک فرهنـگ انسـان سـاز اسـت کـه بنیانگـزار آن حضـرت رسـول کریـم اسـت کـه منحیـث مسلمان پیـروی کنیـم. مـا امـروز از قافلـه ساینس و تکنالـوژی بـه خاطـرِ علمـای متعصـب و دولتمـردان غافـل بسـیار بـه دور مانـدیم و امـا اقـلا مـی توانیـم یـک اخـلاق مدنـی داشـته باشـیم. اخـلاق بلنـد داشـتن بـه ثـروت و تحصیـلات عالـی و نـام خانوداگـی و

نسب نیست بلکه پیروی از ارشادات رسول اکرم (ص) است که ما غافل هستیم. وقتی سطح رهبری کشور به زور و ظلم و ستم با مردم برخورد کند و اویکه مخالف است مجاز بداند که سرش بریده شود مردم به وحشت و دهشت و خشونت دست می زنند.

دلیل که من هر هفته یک حدیث از رسول کریم (ص) نقل قول می کنم همین است که جامعه مسلمان فاقد فرهنگ اسلامی است و این بزرگترین کمبودی است که نه تکنالوژی کار دارد و نه سرمایه مگر عقل. عقل جوهر انسانیت است و باید از عقل کار گرفت و یک انسان باید شویم که با تجلای ایمان عرض اندام کنیم نه نام خانواده و ثروت و تحصیلات عالی و غیره. با اخلاق بودن دکتورا کار ندارد فقط ایمان درست کار دارد.

جمعه مبارک
پنجشنه هفتم ماه جولای ۲۰۲۲

حدیث شماره ۸۴

جمعه مبارک

سلام عزیزان

در یکی از برنامه ها بودم که متصدی برنامه چند تن را دور هم جمع کرده بود تا اندوخته های شانرا در یک موضوع تاریخی بازگو کنند. یکی از عزیزان در گفتار خود اشتباه کرد و من بسیار مودیانه او را اصلاح کردم. مردک برای این که حالا کم نیاید خواست با سخنان چپ و راست اشتباه خود را بپوشاند به جای اینکه معذرت بخواهد و یا تشکر کند که او را متوجه ساختم.

ما باید بدانیم که یکی اختلاف نظر در مسائل است که رسول اکرم(ص) فرموده است: اختلاف نظر رحمت امت من است. (باید یاد آور شوم که وهابی ها و سلفی ها این حدیث را قبول ندارند اما این حدیث ثقه است و مطابقت به قرآن دارد) و یکی مسائل است که در آن اختلاف نظر نیست و ثابت است و اما انسان می تواند در اثر فراموشی، فراموش کند. یکی از مشخصات اساسی یک دانشمند این است که باید بداند که انسان جایز الخطا ست حتی عالم باشد می تواند اشتباه کند، گناه کند و فراموش کند. اما عالم واقعی آن است که به اشتباه خود اعتراف کند و از مردم معذرت بخواهد. اگر این کار را نه می کند عالم نیست. یکی از عمده ترین مسائل علمی "نمیدانم" است. هیچ کس ادعا کرده نه می تواند که همه چیز را می داند. درین جاست که تواضع عالم در اعتراف به نادانی است و اگر اعتراف نه می کند در اصل نادان است. حضرت رسول کریم (ص) فرموده است که: "علم سه چیز است: کتاب گویا، و سنت متبع و نمیدانم." انسان باید بداند که این رضای خداوند نیست که همه چیز را بداند در غیر آن، انسان ادعای خدایی میکرد. از همین حدیث فوق عرفا و ادبا یک شعر نفیس ساخته اند:

تا بدانجا رسید دانش من

که بدانم که همی نادانم

اعتـراف بـه نادانـی بزرگترین معراج رسیدن به علم است. فرانسویان در گذشته ها یک سلسله کتب را به نشر می رساندند زیر عنوان "چه میدانـم." در متـون تاریـخ یونـان هـم ایـن موضـوع آمـده اسـت کـه افلاطـون فیلسـوف بـزرگ یونـان ارسطو را کـه شاگردش بـود، گفت: "بنویـس کـه مـن میدانـم." ارسطو جملـه را نوشـت و بعد افلاطون گفت کـه فکـر کـن و جملـه را تکمیـل کـن. بعد از چندیـن روز ارسطو جملـه را تکمیـل کـرد و نوشـت: "مـن مـی دانـم کـه نمیدانـم!"

جمعه مبارک
جمعه پانزدهم جولای ۲۰۲۲

حدیث شماره ۸۵

جمعه مبارک

سلام عزیزان

یکی از مسائل که مسلمان خودش را تبرئه می کند مسله جایز الخطا بودن انسان است. یعنی انسان اشتباه می کند، به خطا می رود، گناه می کند، سهو می کند و غلط می کند. اما این موضوع اکثراً غلط فهمیده شده است. انسان اشرف مخلوقات است و این به خاطر عقل و فکر و استعداد و ذکاوت و شعور و فطرت اسلامی است که خداوند به او داده است. و این بزرگترین تحفه ایست که خداوند به انسان داده است تا برای پیشرفت امور انسان کار بگیرد. امام غزالی طوسی علیه الرحمه در کتاب احیاء علوم الدین که یکی از نفیس ترین کتاب های اسلام شناسی به شمار می رود می نویسد که انسان از نادانی گناه می کند. یعنی انسان دانا گناه نه می کند. مسلمانان تفسیر آیه خلق الانسان ضعیفا را مطلق به اشتباه فهمیده اند. یعنی انسان ناتوان خلق شده است، و چون ناتوان خلق شده است اشتباه می کند و به خطا می رود. آیه تحت الفظ معنی شده است که مسلمان را تبرئه می کند به سهو و خطا و اگر گناه می کند یعنی موجود ناتوان و ضعیف است پس باید اشتباه کند. نخیر اینطور نیست. هدف از جایزالخطا بودن انسان این است که بالای نفس خود حاکم نیست و گناه می کند. جایزالخطا در رابطه با نفس آدمی است نه در کار های محوله که ما باید روزانه انجام دهیم. اگر ما در کار های محوله اشتباه می کنیم بدین معنی است که در کار خود دقت کامل به خرج نداده ایم. موضوع را درست تحقیق نکرده ایم. چطور امکان دارد که از یک طرف انسان به خاطر عقل او اشرف مخلوقات باشد و از طرف دیگر ضعیف باشد. انسان از نگاه انتروپولوژی در مقایسه با حیوانات ضعیف است مانند شیر و فیل و ببر. به عبارت دیگر انسان از نگاه جسمی به مقایسه دیگر مخلوقات ضعیف خلق شده

است نه اینکه از نگاه عقلی، فکری و ذهنی ضعیف خلق شده باشد. اگر انسان ضعیف می بود خلیفه خدا در روی زمین نه می شد. اگر انسان ضعیف می بود به این همه اکتشافات و اختراعات و تشبثات علمی دسترسی پیدا نمیکرد. مسله دیگر این است که یکی اشتباه است و یکی گناه. گناه آن است که مسلمان یا غیر مسلمان از اصول دین خود خارج می شود، مثلاً زنا می کند. جایز الخطا بودن در همین بخش است که نفس از اداره اش خارج می شود و مرتکب گناه می شود. اشتباه قطعاً به جایزالخطا بودن ربط ندارد. یک انسان اشتباه می کند برای اینکه در امور دقت نکرده است. تحقیق نکرده است. مشوره نکرده است و موضوع که باید کامل انجام میداد سطحی و سرسری پنداشته است. در کار خود حوصله به خرج نداده است و درین حالت است که در کار ها اشتباه رخ میدهد. حضرت رسول کریم (ص) می فرماید: "وقتی کاری را انجام دهی تامل کن تا خداوند راه آنرا بتو نشان دهد." در حدیث دیگر می فرماید که " هر کس کاری میکند باید آنرا خوب انجام دهد."

اینجاست که مسله جایزالخطا بودن انسان، ضعف انسان در مقابل سهو و اشتباه که ما از روی بی توجهی می کنیم، از روی غفلت می کنیم، از روی نادانی می کنیم، از روی بی احتیاطی در کار می کنیم مطلق غلط فهمیده شده است. امام غزالی طوسی در کتاب جواهر القرآن می نویسد که عقل جوهر انسانیت است و وقتی ما از عقل کار نگیریم هم گناه می کنیم و هم اشتباه.

جمعه مبارک
۲۲ جولای ۲۰۲۲

حدیث شماره ۸۶

جمعه مبارک

سلام عزیزان

صحبت داشتم با یکی از دوستان در مورد صفت عالم. یعنی کی می تواند عالم باشد و کی را می توان عالم خطاب کرد؟ آیا عالم همین است که چند آیه و چند حدیث را از بر داشته باشد؟ آیا همچو چیزی به نام عالم دین که ما در هزار سال شنیده ایم واقعاً وجود دارد؟

وقتی ما دید و بینش توحید را مطالعه می کنیم متوجه می شویم که همه جهان هستی دین است. دین در اسلام تنها یک عقیده نیست. در اسلام همه زندگی دین است. انسان جز همین خلقت است و مانند سیارات، نباتات، حیوانات و همه مخلوقات، مخلوق است. وقتی که قرآن می گوید قل رب زدنی علما بدین معنی نیست که من و تو تنها قرآن را با چند حدیث از بر کنیم. هدف از علم دین که حضرت رسول(ص) فرموده است: "کسی که خداوند به وی اراده خیر کند او را در امور دین دانشمند می سازد." حالا دین فرهنگ است، دین زندگی است، دین همه علوم است زیرا همه جهان هستی مخلوق است، دین ساینس است، دین دید و بینش و توحید است، دین اخلاق و تربیه است. دین آموزش و تطبیق قرآن است نظر به ایجابات عصر. دین آن نیست که یک عالم تنها قرآن و حدیث را از بر کرده است و در دیگر امور بیخبر است.

چرا عالم دین شدن مشکل است برای اینکه هیچ کس قادر نیست همه جهان هستی را مطالعه کند و بداند. زیرا همه جهان هستی از دید توحید دین است. عالم بیولوژی که در خدمت مردم است در راه دین است. عالم ریاضی و ساینس که در خدمت مردم است در راه دین است. در هر رشته که کار کنید و رضای پرودگار در آن نهفته باشد و در خدمت خلق خدا باشید شما در

راه دیــن خــدا قــدم برداشــته ایــد زیــرا همــه جهان هســتی از نــگاه توحیــد یــک بافت دارد و هیــچ چیــز از هــم جــدا نیسـت. عالِم چــون انسـان اسـت گنـاه مـی کنـد، اشـتباه مـی کنـد. عالـم فتـوی غلـط کـه از شـکم خــود کشـیده نـه میدهـد و جامعـه را بـه بربـادی سـوق نمیدهـد. چنانچـه دکتـر یوسـف قرضـاوی حمـلات انتحـاری را در فلسـطین روا دانسـت و ایـن حتـی در کشــور مـا سـرایت کـرد و یـک نـادان دیگـر آنـرا استشـهادی خوانـد. در جامعـه مـا نـکاح دختـر چهـار سـاله را روا دانسـت کـه دیـن را کـه او دانسـته بـود ضـرب صفـر کـرد و مسـخره کـرد.

عالـم مـی توانـد در هـر رشـته باشـد تـا جایکـه از طریـق علـم او خیـر اش بـه بشـریت برسـد. عالـم مسـتقل مـی باشـد و تکیـه بـه افـکار دیگـران نـه مـی کنـد. عالـم شـرایط زمـان و مـکان را مـد نظـر میگیـرد. عالـم، چـون توحیـد مـی گویـد کـه خـدا یـک خداسـت، جهان هسـتی یـک اسـت، انسـان یـک انسـان اسـت، علـم یـک علـم اسـت پـس بیـن زن و مـرد تبعیـض نـه مـی کنـد. بیـن علـوم تبعیـض نـه مـی کنـد زیـرا همـه علـوم بـرای بشـر و آسـودگی بشـر اسـت. عالـم در خدمـت صاحبان قـدرت نـه مـی باشـد چنانچـه حضـرت رسـول اکـرم(ص) فرمـوده اسـت کـه: "هـر کـه بـه دربـار پادشـاهان نزدیـک شـود بـه فتنـه افتـد." عالـم نـزد صاحـب قـدرت و پادشـاه نـه مـی رود. اهـل قـدرت نـزد عالـم مـی رود. وقـار عالـم در همیـن اسـت. عـزت عالـم در همیـن اسـت. عالـم در مجـالس در پاییـن مجلـس مـی نشـیند. اگـر در بـالا مـی نشـیند عالـم نیسـت. عالـم خـود را از مـردم کمتـر مـی بینـد زیـرا یکـی از صفـات عالـم تواضـع اسـت. عالـم بـا گـروه هـای ضـد اسـلام و منافـق همـکاری نـه مـی کنـد چنانچـه در اقامتـگاه سـفید رفتنـد. عالـم خـود را بـرای کرسـی سیاسـی کاندیـد نـه مـی کنـد و امـا مـردم را بـرای عدالـت رهنمایـی مـی کنـد. عالـم تنهـا از خـدا مـی ترسـد نـه از مـردم. لـذا عالـم محافظـه کار نـه مـی باشـد. وقتـی عالـم از مـردم ترسـید مشـرک مـی شـود زیـرا تـرس تنهـا از خداسـت. لبـاس عالـم و بـا لبـاس مـردم یـک سـان و یـک رنـگ اسـت نـه اینکـه امـروز عبـاو قبـا در برکنـد و نشـان دهـد کـه از دیگـران متفـاوت اسـت. لبـاس محمـد (ص) بـا مـردم عـادی یکسـان بـود نـه اینکـه چـون او عالـم بـود و پیامبـر بـود لبـاس

او از مـردم تفـاوت میداشـت. ایـن لبـاس هـای کـه امـروز در تـن یـک عـده مـی بینیـد سـیاه و سـفید و بـا فیتـه طلائـی مـی بینیـد همـه اش ریـا، خـود نمائـی، و خـلاف سـنت اسـت. عالـم را مـردم بـه اخـلاق، بـه اسـتقلال فکـری، بـه ادب و تواضـع مـی شناسـند نـه لبـاس.

سعدی چه زیبا گفت:

تن آدمی شریف است به جان آدمیت

نه همین لباس زیباست نشان آدمیت

جمعه مبارک
جمعه ۲۹ جولای ۲۰۲۲

حدیث شماره ۸۷

جمعه مبارک

سلام عزیزان

از نگاه انتروپولوژی فرهنگی سه چیز است که مردم را با هم یکجا می کنند، طعام، موسیقی و زبان.

مهمان و مهمان داشتن تنها رسم اسلام نیست در همه فرهنگ ها وجود دارد و مردم جهان نظر به شرایط فرهنگی خود شان مهمان‌نوازی دارند. دعوت ها می تواند رسمی باشد. می تواند خانوادگی باشد و می تواند از دوستان باشد که طرز پذیرایی آن تا اندازه ی متفاوت می باشد. ما مردم مسلمان بسیار مهمان‌نوازی داریم و اما یک اصول را که مراعات نه می کنیم که کی را باید در داخل خانه دعوت کنیم. بعضی دعوت های ما جنبه مخصوصاً عروسی ها به حساب پدیده اجتماعی "رفت و آمد" است. مثلاً شما را یکی از دوستان در عروسی پسرش دعوت کرده است شما هم او را در عروسی پسر تان دعوت می کنید.

دعوت از نگاه پروتوکل یک اصول دارد. بدین معنی که اشخاص دعوت شونده باید از نگاه فرهنگی با مسلکی یا سیاسی با هم جوش بخورند. و اگر مهمانان با هم جوش نمیخورند می تواند مشکل خلق کند. مثلاً شما یک مسلمان متعهد به اسلام را با یکی کسی که مطلق مخالف اسلام است دعوت می کنید و این از نگاه پروتوکول دعوت کردن درست نیست و اینها با جر و بحث های بیجا مجلس را اخلال می کنند. در اسلام یک اصول است که باید مهمانان وجه مشترک داشته باشند و این وجه مشترک در ایمان و پرهیزگاری شان است. حضرت رسول (ص) می فرماید که "جز با مؤمن مصاحبت مکن و غذای تو را جز پرهیزگار نخورد." حالا ببینید که اینجا برای دعوت یک اصول طرح شده است. در بعضی دعوت ها شرکت می کنیم و وقت نماز شام یک عده شرکت نه می کنند در حالیکه می دانند که نماز فرض مسلمان

است و یا نماز جماعت ثواب بیشتر دارد اما در نماز شرکت نه می کنند. این خود یک بی نظمی را به بار می آورد. پس چه خوب است که در انتخاب مهمانان از نگاه فرهنگی یک تجدید نظر شود و اصول مراعات شود. ما مسلمانان به همه مردم احترام داریم و این احترام وقتی به جا می ماند که دین ما مصالحه نشود.

جمعه مبارک
پنجم آگست ۲۰۲۲

حدیث شماره ۸۸

جمعه مبارک

سلام عزیزان

یکی از مسائل عمده ای زندگانی انسانی میانه روی یا اعتدال است که مردم قطعاً مراعات نه می کنند و از تعادل خارج می شوند.

اول باید بدانیم که چرا تعادل مهم است؟ برای اینکه جهان هستی با تعادل خلق شده است و انسان جز همین جهان هستی است و از خلقت جدا نیست. واژه های تعادل، معتدل، عادل، عدل همه ریشه عدالت دارد. وقتی ما می گویم دین اسلام دین عدالت است بدین معنی تنها نیست که مردم از نگاه عدلی حقوق مساوی داشته باشند و یا بالای شان ظلم نشود. نکته اساسی این است که همه نظام هستی به اساس عدالت خلق شده است و یک توازن در همه امور برقرار است. اگر همین توازن نباشد همه سیستم یا نظام جهانی بر هم میخورد. وقتی پیامبر می گوید: "و عمل بالعدل." یعنی کسیکه به عدالت عمل می کند هدف تنها مسله قضاوت و حکم بر عدالت در امور قضائی نیست بلکه توازن را نگهداشت توازن و میانه روی در همه امور زندگی است. در حدیث دیگر می فرماید که: "یکسال عدالت از یکسال عبادت بهتر است." درین جا پیامبر میخواهد نه تنها عادل بودن را تدریس کند بلکه اهمیت عدالت را در زندگی بشری یادآوری کند. عدل برای این نهایت با اهمیت است که قسمیکه گفتیم انسان جز همین خلقت و جهان هستی است و جهان هستی جز خلقت انسان است. پس انسان یک موجود طبیعی است. چون همه نظام به اساس یک توازن خلق شده است اگر انسان میانه روی نکند بیچاره و ناتوان می شود زیرا از مسیر طبیعی خود خارج می شود و به فقر فرهنگی و اقتصادی دچار می شود. محمد مصطفی (ص) فرموده است که: "هر که میانه روی کند فقیر نشود." هدف این حدیث این است که انسان وقتی فقیر می شود که در خلای فرهنگی

قرار گیرد. در خلای طبیعی قرار گیرد و مانند یک فضانورد خارج از جو زمین جاذبه نداشته باشد و آنوقت است که دچار مشکلات می شود زیرا فراموش می کند که یک موجود طبیعی است و فقر او تنها اقتصادی نه می باشد بلکه فقر بیکانگی از خود و طبیعت است.

جمعه مبارک
پنجشنه یازدهم ماه آگست ۲۰۲۲

حدیث شماره ۸۹

جمعه مبارک

سلام عزیزان

یـک سـال از حاکمیـت ظالمانـه طالبـان گذشـت و شـرایط اقتصادی کشـور روز بـه روز بـه خرابـی گراییـد. مـردم فقیـر تـر شـدند. کسب و کار و کاسـبی از بیـن رفت. گزارشـات حاکـی اسـت کـه افغانسـتان در جملـه فقیـر تریـن کشـور هـای جهان قـرار گرفتـه اسـت. بانوان کـه نفقـه آورنـده بودنـد دسـت شـان از کار گرفتـه شـد. بسـیاری مشـاغل را غیـر شـرعی دانسـتند در حالیکـه هیچگونـه حدیـث در مـورد وجود نـدارد. طالبان کـه لاف امنیـت را مـی زدنـد امنیـت مـردم را هـم تأمین کـرده نتوانسـتند بـه جـز اینکـه دیگـر انتحـاری نیسـت، عمـل کـه خـود شـان انجـام میدادنـد. وقتـی داسـتان عمـران کعبـه را مـی خوانیـم حضـرت ابراهیـم علیـه السـلام اول بـرای امنیـت کعبـه دعا کـرد و دوم بـرای وفـرت کعبـه. هـدف از وفـرت همانـا اقتصـاد قـوی اسـت کـه امـروز کشـور نـه امنیـت دارد و نـه وفـرت و جنـگ بـرای آزادی افغانسـتان کـه طالبـان انـکار مـی کننـد دوام دارد کـه ان شـاء الله تـا بهار آینـده پیـروز خواهـد شـد و مـردم از سـتم بـه نـام دیـن و سـنت رهایـی خواهنـد یافـت. وظیفـه یـک حکومـت اسـلامی باشـد یـا غیـر اسـلامی ایجـاد اقتصـاد قـوی اسـت تـا مـردم خـود اکتفـا شـوند و از فقر جلوگیـری صـورت گیـرد. دو نـوع فقـر اسـت: فقـر اقتصـادی و فقـر فرهنگـی و امـروز افغانسـتان بـه هـر دو مواجـه اسـت در اسـلام. فقـر فرهنگـی باعث فقـر اقتصـادی مـی شـود زیـرا وقتـی مـردم دلسـرد شـدند و دسـت شـان دراز شـد اولیـن بـی اعتمـادی کـه رخ میدهـد ایـن اسـت کـه مـردم از حکومـت سـلب اعتمـاد مـی کننـد. و وقتـی سـلب اعتمـاد بـه وقـوع بپیونـد از دیـار اسـلام فـرار میکننـد چنانچـه جوانـان بـه خاطـر فقـر و تنگدسـتی فـرار کـرده انـد. مهمتـر اینکـه آنـان کـه دیـن را نمیداننـد کـه بـرای رفـاه و آزادی انسـان اسـت انتبـاه غلـط از دیـن میگیرنـد و ایـن بـه کفـر مـی انجامـد. حضـرت رسـول کریـم (ص) فرمـوده اسـت

که: "کاد الفقر ان یکون کفرا" یعنی بیم آن است که فقر به کفر انجامد. بلی وقتی مردم گرسنه باشند و دست شان دراز به دین بی اعتماد می شوند و این بزرگترین مصیبت است که طالبان جاهل به بار آورده اند.

جمعه مبارک
پنجشنبه ۱۸ آگست ۲۰۲۲

حدیث شماره ۹۰

جمعه مبارک

سلام عزیزان

سال گذشته بود که من صد حدیث پیامبر اسلام (ص) را به زبان انگلیسی زیر عنوان اندرز های پیامبر به چاپ رساندم که مورد تحسین جوانان و خانواده ها قرار گرفت. آن احادیث بسیار کوتاه بدون تشریح و تذکر نام راویان بود. خواستم تا توجه جوان را فقط به متن حدیث جلب کنم که یک اندرز را زود به حافظه بسپارد. در عین زمان نود هفته قبل مسائل روز را به اساس احادیث رسول اکرم (ص) تشریح کردیم و این مجموعه هم بعد از ده حدیث دیگر به پایان می رسد. سال آینده بعد از ختم صد حدیث یک مجموعه دیگر به زبان فارسی/ آلمانی/ فرانسوی برای جوانان که در اروپا زندگی می کنند ان شاء الله به چاپ خواهد رسید. این مجموعه هم مانند مجموعه انگلیسی صد حدیث خواهد بود اما با تشریح و توضیح مانند متن امروزی که پیشکش شما می شود.

در اثر تبلیغات سوء بر علیه اسلام توسط مخالفین خارجی و داخلی اسلام که از روز اول ظهور دین محمد آغاز شده است و تا امروز دوام دارد ما در موقف دفاعی نه تنها دین بلکه ایمان خود هستیم که هر روز تعرض صورت میگیرد. وقتی من در یک برنامه تلویزیونی زیر عنوان آزادی فکر و عقیده و آزادی بیان یک جوان را می بینم که دعوت شده است که می گوید دین اسلام دروغ است، محمد قرآن را نوشته است و این کتاب، کتاب خدا نیست (العیاذ بالله) قطعاً تعجب نه می کنم زیرا دشمنان اسلام می دانند که اگر ما مسلمانان به دین خود چنگ زنیم و زن و مرد مسلمان بیدار شود راه استثمار کشور های ما، راه استعمار کشور های ما، راه استثمار جوانان ما، راه بی فرهنگی و بی بند و باری جوانان ما همه و همه بسته میشود و دیگر قادر نخواهند بود تا زندگی ما را به بازی بگیرند. تبلیغات ضد اسلام از هر طرف قمچین وار به سر ما

وارد می شود و دریـن حالـت کـه مـا در دفاع قـرار داریـم بایـد صبـور باشـیم و اسـلام محمـد (ص) را بـه بهتریـن صـورت آن معرفـی کنیـم تـا جاهـل و منافـق و آنهایکـه از زمـان مدینـه بـا پیامبـر و اسـلام تـا امـروز مـی جنگنـد و کتـاب هـای دروغ بـه ضـد اسلام نشـر مـی کننـد، خجالـت بکشـد. مـن از جـوان گلـه نـدارم کـه در پشـت پـرده تلویزیـون ظاهـر مـی شـود بـه محمـد (ص) دو و دشـنام میدهـد. همانطـور کـه چنـد تـا بـه نـام پروتالیـا مغـز شـویی شـد همانطوریکـه چنـد تـا بـه نـام دموکراسـی بـی نامـوس مغـز شـویی شـد و همانطوریکـه چنـد تـا بـه نـام دیـن و سـنت مغـز شـویی شـده اسـت و همانطوریکـه مـردم بیچـاره ایـران بـه نـام امامـت مغـز شـویی شـده اسـت جـوان مـا هـم مغـز شـویی شـده اسـت. امـا وای بـه حـال آنانیکـه رئیـس حـزب و حرکـت سیاسـی هسـتند از اسـلام محمـد (ص) خبـر ندارنـد و میخواهنـد حتـی مـردم را رهبـری کننـد. چنانچـه امـروز آقـای آشـفته از حرکـت خـط سـوم بـرای مـن نوشـت کـه چیـزی بـه نـام اقتصـاد اسـلامی وجـود نـدارد (اسـتغرالله.) وقتـی رهبـران حرکـت هـای سیاسـی مغـز شـویی شـده باشـند از پسـر بچـه ۲۴ سـاله هیـچ گلـه نبایـد کـرد. امـا تأسـف انگیـز اسـت کـه چـون هنـر سیاسـت در جهـان امـروز چـرب زبانـی و فریـب مـردم اسـت هـزاران نفـر را بـه نـام خـط سـه و چهـار فریـب میدهنـد تـا بـه مقـام برسـند. مـا مـی دانیـم کـه طالـب و داعـش و قاعـده را کـی هـا سـاخت و اسـلام را کـی بـد نـام کـرد امـا همـه بداننـد کـه تـا یـک نفـر مؤمـن واقعـی زنـده اسـت از اسـلام دفـاع مـی کننـد و دیـن محمـد (ص) را مصالحـه نـه مـی کننـد چنانچـه وقتـی کفـار بـه محمـد (ص) وعـده هـای گوناگـون کردنـد کـه از اسـلام صـرف نظـر کنـد، رسـول خـدا کفـان دسـتان اش را نشـان داد و گفـت اگـر آفتـاب را در دسـت راسـت اش بگذارنـد و مهتـاب بـه دسـت چـپ او از اسـلام و کلمـه لا الـه الا الله تیـر نمـی شـود. مـن هـم بـه آنهایکـه مغـز شـویی شـده انـد و حتـی خبـر ندارنـد کـه اسـلام بـا اقتصـاد چـه رابطـه دارد و یـا خـود را بـه کوچـه حسـن چـپ مـی زننـد، زیـرا معلـوم مـی شـود بـرای همـان هـای کار میکننـد کـه در صـدد تخریـب و بـد نامـی اسـلام هسـتند، بداننـد کـه نیرنـگ هـای سیاسـی شـما سـر مـردم شـریف و مؤمـن کشـور هـای مسـلمان کار نـه مـی کنـد و چیـغ زدن هـای شـما و چـرب زبانـی هـای

شـما مطلـق بیفایـده اسـت و جـز بـرای خـود بدنامـی چیـزی کمایـی نـه می کنیـد و مثـل کـه امـروز بـوی هـای شـان برآمـد در آینـده دور یـا نزدیـک دود هـای شـان خواهـد برآمـد.

جمعه مبارک
پنجشنبه ۲۵ آگست ۲۰۲۲

حدیث شماره ۹۱

جمعه مبارک

سلام عزیزان

ما در جهان دموکراسی بی بند و بار زندگی می کنیم و این موقع را مساعد ساخته است که زیر عنوان آزادی فکر و قلم موضوعات که اساساً اول اسلام بنیانگزار آن است دشمنان اسلام را هر روز بکوبند و محمد (ص) توهین کنند. در حالیکه این قرآن بود که به تعقل و تفکر و علم بیان و علم قلم مردم را دعوت کرد تا از هر گونه اسارت نجات پیدا کنند. اما حالا مردم در باره قرآن به جای روشن گری مجادله می کنند و میخواهند که ثابت سازند که قرآن دروغ است و کلام خدا نیست (استغفرالله.) قرآن مجید شک کردن، و سوال کردن، تعمق کردن و فکر کردن را مطلق مجاز می داند و اما چیزی را که به کفر می پندارد دروغ پنداشتن قرآن یعنی که (اسغفرالله) خدا دروغ می گوید. محمد (ص) را دروغگو شمردن و یا موجودیت خدا را انکار کردن است که کفر است. اما در زبان عربی کفر معانی مختلف دارد و یکی آن نا سپاسی است. طور مثال مردم یهود کافر نبودند و اما ناسپاسی میکردند. کسانیکه ایمان به خداوند، روز آخرت، قرآن و پیامبر دارند در مورد قرآن جر و بحث نه می کنند یا اینکه قرآن را زیر سوال برند که حق است و یا حق نیست و این ناسپاسی است. این بدین معنی نیست که مردم قرآن را کورکورانه قبول کنند و اما بدون کسب علم جر و بحث همان جهالت خود ما را نشان میدهد. هدف از اسلام در جر و بحث روشن ساختن موضوعات است، به حق رسیدن است و کمبودی های خود را منحیث مسلمان پر کردن است که ما همه داریم. اما این نیست که ما با جر و بحث های بیجا به کفر رویم و خود را مسخره کنیم.

قرآن ساینس ۲+۲= ۴ نیست و اما علم است و علم لدونی است. نه تنها علم است بلکه حکمت است که راز حکمت را خداوند به

عده محدود میدهد نه همه. اسلام دین است که زیر بنای آن علم است هم علم اکتسابی و هم لدونی. در عین زمان زیر بنای تمدن اسلامی علم است:

چو شمع از پی علم باید گداخت

که بی علم توان خدا را شناخت

هدف مجادله در اسلام قسمیکه گفتیم به حقیقت رسیدن است نه اینکه با مجادله ما به کفر سوق داده شویم. مجادله که واژه عربی است یعنی خصومت، جنگ، دعوا، ستیزه، کشمکش، مناقشه و آشوب است که این هدف قرآن مجید نیست. واژه متضاد مجادله، مصالحه است که از صلح آمده است و هدف قرآن مجید صلح است نه جنگ. بلی در اسلام جنگ است و اما به ضد کفر. آنهم وقتی کفر اول تجاوز کند و مسلمان حق ندارد که اول تجاوز کند. حضرت رسول کریم (ص) فرموده است که: "الجدال فی القرآن کفر" یعنی مجادله در باره قرآن کفر است. آنانیکه به قرآن اعتقاد ندارند و حکمت قرآن را ندانسته اند و با خواندن چند کتاب تاریخ که توسط دشمنان اسلام نوشته شده است می خواهند اسلام را بکوبند اساساً نادانی خود را ثابت می سازند و به ما مسلمانان اجازه داده نشده است که آنانیکه کفر می ورزند جر و بحث کنیم نه اینکه ما جر و بحث کردن را نیاموخته ایم بلکه قرآن به ما می گوید که صم بکم عمی فهم لا یرجعون یعنی آنها کر اند، گنگ اند و کور اند لذا از راه خطا باز نمی گردند. پس این مردم را به حال خودشان بگذار زیرا تا یک انسان خودش حقیقت را پیدا نکند تو نه می توانی او را به حقیقت برسانی و قرآن در مورد این اشخاص زیبا دستور میدهد که و الجاهلون قالوا سلاما یعنی به جاهل سلام بده و درگذر.

جمعه مبارک
پنجشنه اول سپتامبر ۲۰۲۲

حدیث شماره ۹۲

جمعه مبارک

سلام عزیزان

درین روز ها به خاطر بی عدالتی ها و حماقت های طالبان یک دسته کفار افغانستانی تبر شان دسته یافته است و هی قسمیکه در حدیث هفته گذشته گفتیم اسلام را می کوبند. جالب این است که کفار میخواهند که ما مسلمانان از گفتن بعضی واژه های که قرآن به ایشان خطاب کرده است جلوگیری کنیم. یکی ازین واژه های قرآنی جاهل است که قرآن آنانیکه قرآن را رد میکنند جاهل خطاب می کند و برای مسلمان حکم شده است که با این مردم یک و دو نگویید. ناگفته نباید گذاشت که مسلمان که ادعای اسلامیت می کند و اما نتوانسته است مسائل را مانند طالبان درک کند، او هم جاهل است. یعنی جاهل تنها او نیست که خداوند (ج) و قرآن مجید و محمد (ص) را رد می کند. مسلمان نادان مانند طالبان هم جاهل است. به این حدیث توجه کنید که پیامبر (ص) فرموده است که: "نوم علی علم خیر من صلاه علی جهل یعنی خواب با علم بهتر از نماز با جهل است." این حدیث پیشوای اسلام نه تنها بالای طالبان صدق می کند بلکه بالای عده کثیر مسلمانان صدق می کند که در صدد درک حقیقت نیستند و در مسائل ایمانی خود دو دله هستند و نه می توانند حق را از باطل تشخیص کنند. دین برای یک طبقه خاص نیست. دین برای همه است و باید در آموختن اصولی آن کوشا بود. اما کفار گرچه اعتراف نه می کنند فوق العاده بی تربیت هستند. معاشرت با اینها و یا آنانیکه دین را به بازی میگیرند برای اصول اخلاقی خود ما درست نیست. لیبرالیزم (آزادیخواهی) غربی باعث شده است که ما در مقابل خالق خود بیتفاوت شویم و این به سود یک زن و مرد مؤمن نیست. پیامبر اسلام (ص) فرموده است: "که به خاطر خدا دوست شوید و به خاطر خدا جدا شوید." ما

حق نداریم کفار را توهین و اهانت کنیم و اما باید موقف ما روشن باشد و باید بدانند که توهین و اهانت به اسلام و قرآن و پیشوای اسلام ایشان را به هدف نه می رساند. گویند که یک عده را اینها بیراه می سازند. این سخن مطلق نادرست است زیرا در اسلام هیچ کس بیراه نمیشود مگر خودش نخواهد. هیچ کس مسؤل گناه کسی دیگر نیست. قرآن صریح می گوید که به جاهلان سلام بگویید و بگذرید زیرا یک ضیاع وقت است. راه ما روشن است. قرآن ایشان را جاهل خطاب می کند و از ما آزرده نشوند که ما ایشان را هم جاهل می گوییم و این توهین نیست زیرا این سخن ما نیست سخن قرآن است که به ایشان می گوید. آنانیکه مسلمان هستند هم بعضی اوقات از جهالت کار میگیرند و خود شان باید خود را برسانند، کتاب بخوانند و با جهل به خواب نروند و یا نماز را نا دانسته خواب کنند یعنی با جهل خواب روند.

جمعه مبارک
پنجشنبه هشتم سپتامبر ۲۰۲۲

حدیث شماره ۹۳

جمعه مبارک

سلام عزیزان

چند سال قبل یک خانواده من را دعوت کرده بود تا همرای اولاد شان صحبت کنم تا خوبتر درس بخوانند و رهنمایی شوند. دخترک هشت ساله وارد صالون شد و من به احترام کودک به پا ایستاد شدم. مادرش خطاب به من گفت که شما چطور یک آدم کلان به احترام یک کودک ایستاد می شوید شما ما را خجالت میدهید. جواب من این بود که اگر ما کودکان و جوانان خود را احترام نکنیم اینها ادب و تربیه و احترام را از کجا بیاموزند؟؟

از نگاه علم پیداگوژی یا آموزش و پرورش کودکان، بزرگان باید برای کودکان و نو جوانان یک الگو باشد و این سنت رسول اکرم (ص) است که برای مردم، خورد و کلان یک الگوی از اخلاق و ادب بود. پیشوای اسلام هرگز به کسی نه می گفت که این کار را بکن و یا نکن. او همیشه یک کار را خودش انجام میداد تا دیگران بیاموزند و در زندگی خود تطبیق کنند. لذا دین با الگو گرایی تدریس می شود.

متأسفانه در فرهنگ ما کودکان بطور باید و شاید احترام نه می شوند و حتی توهین می شوند، کم زده می شوند، بی عقل گفته می شوند. لت و کوب می شوند برای اینکه به راه راست باشند در حالیکه دین ما و علم آموزش و پرورش تدریس می کند که باید به کودکان احترام گذاشت و با ایشان با ادب صحبت کرد و نباید با خشونت با ایشان رفتار نمود. از نگاه روانشناسی کودکان، "مردمان کوچک" گفته می شوند. معنی این سخن این است که آنها همه صفات که یک انسان کلان سال دارد آنها هم دارند و اما فقط کوچک هستند و تجربه ندارند. کودکان احساس دارند، درک و شعور دارند، استعداد و عقل دارند و اما هنوز عقل شان به پختگی نرسیده است و تجربه ندارند و برای اینکه انسان های خوب بار

آیند باید با ایشان بسیار مؤدبانه و با احترام رویه کرد. کودکان از بزرگان خوب و بد را می آموزند. به یاد دارم نو جوان ۱۲-۱۳، ساله بودم، مرحوم میوندوال همرای یکی دو تا از دوستان دیگر در چهارراهی صدارت، محل که خانه ما موقعیت داشت، مهمان پدرم بودند. آن زمان مرحوم میوندوال صدراعظم نشده بود. در دهلیز مادرم دست من را کشید که تو در صالون نرو که مهمان است. پدرم دست من را گرفت و با خود برد و به مادرم گفت که "بان که با من باشد و گپ زدن را یاد بگیرد" و من رفتم در کنار پدرم نشستم و فقط گوش میکردم. مرحوم پدرم من را منحیث یک نو جوان احترام کرد.

در فرهنگ ما همه چیز بر عکس است. ما از خوردان توقع داریم که به ما سلام گویند در حالیکه این ما هستیم که باید به خورد سلام گوییم. به این حدیث حضرت رسول کریم (ص) توجه کنید: "از سلام گفتن به کودکان تا زنده ام دست بر نمیدارم تا پس از من این رسم و راه در جامعه پایدار بماند."

همین کودکان هستند که فرزندان آینده خانواده ها و کشور هستند و باید طوری بزرگ شوند که افتخار همه ای ما باشند. محمد مصطفی (ص) فرموده است که: "بر کودکان خود درود بفرستید زیرا آنها آیندگان شمایند."

عزیزان: اگر جوان شما بیراه می شود و یا به شما احترام نه می کند از خود سوال کنید که چه کمبودی از طرف شما صورت گرفته است که یک موجود که امانت شماست از شما دلسرد شده است.

جمعه مبارک
پنجشنبه ۱۵ سپتامبر ۲۰۲۲

حدیث شماره ۹۴

جمعه مبارک

سلام عزیزان

اعتراضات بانوان هفتـه اخیـر در ایـران مـی تواند یـک شـروع قـوی بـرای حصـول آزادی زنـان و همـه مـردم از تحجـر و فسـاد بـه نـام دیـن شـود. دیـن آمـد تـا مـردم از هرگونـه اسارت نجـات پیدا کننـد و امـا بـا کمـال تأسف مـردم مسلمان توسط قشـر مذهبـی کـه همیشـه از دیـن سـوء اسـتفاده کـرده انـد و مـردم را از حـق آزادی محـروم کـرده انـد، اسیـر شـده اسـت. ایـن مبـارزات بایـد شـدید توسـط مـردان حمایـه و پشـتیبانی شـود. اگـر شـما واقعاً همسـر، دختـر، خواهـر و مـادر تانـرا دوسـت داریـد و احتـرام مـی کنیـد بایـد بـرای آزادی شـان از اسـتثمار بـه نـام دیـن و سـنت مبـارزه کنیـد. امـروز در ایـران و افغانسـتان فسـاد گسـترده زیـر عنـوان دیـن توسـط زمامـداران نـادان و فاسـد در جریـان اسـت کـه حتـی مـردم جـان خـود را از دسـت میدهـد و زعیـم کشـور حتـی یـاد نـه مـی کنـد. موضـوع ایـران تنهـا موضـوع ایـران نیسـت بلکـه شـامل همـه مسلمانان مـی شـود و مـا مـردم. افغانسـتان از خواهـران ایرانـی حمایـه و پشـتیبانی مـی کنیـم.

سـطح رهبـری کشـور بـه جـای اینکـه در افغانستان و ایـران متوجـه مـردم باشـند، متوجـه قـدرت خـود هسـتند تـا چطـور مـردم را سـر کـوب کننـد و بـه قـدرت باقـی ماننـد. امـروز یـک عـده زیـاد ایرانیـان و افغانسـتانی هـا از کشـور شـان فـرار کردنـد. بـه خاطـر مخالفـت بـا رژیـم دیکتاتـوری شـکنجه مـی شـوند. فسـاد وقتـی در یـک کشـور اسلامی نـوده مـی زنـد کـه زمانـدار فاسـد باشـد و همچنـان علمـا فاسـد باشـند کـه نتواننـد از حقـوق مـردم پشـتیبانی کننـد. بـه زور سـر بانـوان حجـاب مـی کننـد و خودشـان بـه صـد فسـاد اقتصـادی دخیـل هسـتند. حجـابِ در اسلام اجبـاری نیسـت. آخونـد و مـلا نـام اسلام را بـد کردنـد و واقعاً بـرای ایـن حکومـت هـا شـرم اسـت کـه مـردم بایـد بـا تـرس زندگـی کننـد. چنانچـه بانـوان ایرانـی وقتـی از ایـران خـارج مـی شـوند در داخـل

هواپیما چادر نماز سیاه را به دور می اندازند.

فحشا و فساد زمانی زیاد می شود که مردم اول از حقوق حقه انسانی شان محروم شوند. اقتصاد کشور خراب باشد و نتوانند خود را اعاشه کنند چنانچه در افغانستان کودکان را به فروش رساندند و سوم مردم از دولت شان ترس داشته باشند. دولت و حکومت در اسلام برای این نیست که مردم بترسند بلکه خود را آرام حس کنند و از کشور خود فرار نکنند. در حدیث حضرت رسول کریم (ص) میخوانیم که ”دو گروه از مردم اند که اگر صالح بودند مردم بصلاح آیند و اگر فاسد بودند به فساد گرایند: دانشوران و زمامداران.“

امروز مذهبی برای بقای خود دست اش را با دولت که مردم را در هر دو کشور استثمار می کند، یکی کرده است به جای اینکه مانند امام حسین (رض) در مقابل ظلم و استبداد ایستادگی کند و مذهبی در افغانستان هم مانند یکی که قربانی انتحاری شد از طالب متحجر دفاع میکرد و تعداد شان زیاد است. این دولت ها باید سرنگون شوند. مردم ایران و افغانستان مسلمان هستند و دین خود را دوست دارند و اما نباید به نام دین توسط یک گروه ملا و آخوند استثمار شوند.

قرآن به وضاحت می گوید که همه مؤمنین در دین با هم خواهر و برادر هستند و ما همه یک امت اسلامی هستیم و از حقوق بانوان ایران و افغانستان برای رسیدن به آزادی شان حمایه و پشتیبانی و دفاع می کنیم.

جمعه مبارک
پنجشنه ۲۲ سپتامبر ۲۰۲۲

حدیث شماره ۹۵

جمعه مبارک

سلام عزیزان

زمان رسیده است که ما باید بطور موزون و علمی از دین خود دفاع کنیم و حقیقت را به مخصوصاً جوانان ما بگوییم. کفر و الحاد روز به روز زیاد شده می رود و این مسئولیت علما و دانشمندان است که مطابق شرایط زمان و مکان دین را معرفی کنند. متأسفانه دانشمندان ما یک وجب هم از تفکر اسلامی قدیمی خود به پیش نه می روند و این باعث شده است که نسل جوان به بیراهه سوق داده شود. با کفر مردم، خدا از خدایی خلاص نمیشود و اما این خانواده ها و اجتماع ما است که شدید صدمه می بیند. درین بخش دانشمندان و پدران و مادران سخت مسئولیت دارند اما باید دین را با تفکر جدید و شرایط روز تبلیغ کنند.

چند روز قبل یک بانوی جوان در گروپ جمعه مبارک نوشت که پسرش را به یک مرکز اسلامی برده بود تا مسلمان بار آید. درین مرکز به دختران و پسران نو جوان تدریس شده است که شما نباید طرف چشمان همدیگر نگاه کنید چون فتنه برپا می شود. اول آیه ای که درین مورد چشمان که مسلمانان زن و مرد نباید به هم نگاه کنند برای مردان و زنان کلان سن است نه نو آموزان و نو جوانان. دوم ما در یک کشور زندگی می کنیم که در وقت صحبت تماس چشم که Eye Contact می گویند بسیار مهم و حیاتی است. نتیجه اینکه پسرک این بانوی محترم قطعاً از خانه بیرون نمیرفت تا با جنس مقابل چشم به چشم نشود و گوشه گیر و خانه نشین شده بود. والدین که اظطراب و دلهره را درین نو جوان دیدند و متوجه شدند که حتی نمرات او در مکتب پایین آمده است از مرکز اسلامی او را کشیدند. موضوع را به من در گروپ جمعه مبارک نوشت و من توصیه کردم که احکام نظر به شرایط زمان و مکان تغییر می کند و باید به پسر تان پدیده ای

نیت را تعلیم کنید که وقتی تو به کسی نگاه می کنی نیت تو چه است؟ خداوند طرف قلب های ما می بیند نه چهره ما. همه اعمال ما به نیت ما بستگی دارد. و این حدیث پیشوای اسلام است که انما الاعمال بالنیات.

من منحیث یک محقق دین اسلام توصیه می کنم و تا حال چندین بار این خواهش را کرده ام که قرآن را نظر به زمان و مکان تفسیر کنید در غیر آن ما، مانند پسرک که داستان او را برای شما گفتم به مشکلات زیاد مواجه می شویم و شده ایم. یک دلیل عمده که مسلمانان بسیار عقب مانده شده اند همین است که دین و قرآن را با دید و بینش ساینس و نیازمندی های امروزی نه می بینند در حالیکه قرآن کتاب است که در هر زمان خودش را تفسیر می کند و زیبایی قرآن در همین است. ما از کتاب های کهنه و قدیمی نقل قول می کنیم بدون اینکه ارزیابی کنیم که همان تفسیر به درد امروز میخورد یا خیر.

قرآن برای همه اعصار نازل شده است و باید به اساس زندگی امروزی پیشکش جوانان شود در غیر آن کودک و نو جوان ما مسؤل نیست. ما همه مسؤل هستیم.

جمعه مبارک
پنجشنه ۲۹ سپتامبر ۲۰۲۲

حدیث شماره ۹۶

جمعه مبارک

سلام عزیزان

یکـی از اساساً عمـده ای عقیده اسلامی از نـگاه روانشناسـی امیـد بـه خداونـد داشـتن و اعتمـاد بـه خداونـد یعنـی تـوکل اسـت.

آزادیخواهـان در جسـتجوی راه حـل هسـتند و مـا مسـلمانان کـه اول بـه آزادی انسـان اعتقـاد داریـم نبایـد مأیـوس و نـا امیـد شـویم. همـه بایـد بـرای اعـاده صلـح و آزادی، پایـدار باشـد و دریـن راه زحمـت کشـد. رسـول اکـرم (ص) فرمـوده اسـت کـه: "پیـروزی همـرای پایـداری اسـت." مدافعـان راه آزادی بایـد در راه کـه رفتـه انـد پایـدار باشـند و امیـد را از دسـت ندهنـد. کشـور هـا تجـارب خـراب تـر از افغانسـتان را داشـته اسـت و امـا مـردم بـرای پیـروزی پایـداری نشـان داده انـد. همیـن حـالا روسـیه خـاک اوکرایـن را اشـغال کـرده و پارلمـان روسـیه مناطـق اشـغال شـده را جـز قلمـرو روسـیه اعـلام کـرد و امـا مـی بینیـد کـه مـردم اوکرایـن بـه مبـارزه دوام میدهنـد و در صـدد پـس گرفتـن خـاک خـود هسـتند. مـا بایـد در عـزم خـود بـرای اسـتقلال افغانسـتان راسـخ باشـیم و ان شـاء الله مبارزیـن واقعـی عدالـت و آزادی و کرامـت انسـانی دری را کـه کوبیـده انـد کـه در آزادی اسـت و گشـوده خواهـد شـد و مـا روزی تجلیـل خواهیـم کـرد. حضـرت رسـول کریـم (ص) فرمـوده اسـت کـه: "آنکـه دری را بکوبـد و بـاز بکوبدسـر انجـام آن در گشـوده مـی شـود. در رابطـه بـه حدیـث فـوق مولانـای بلـخ گفتـه اسـت:

گفت پیغمبر که چون کوبی دری

عاقبت زان در برون آید سری

عزیزان:

ما باید استقامت داشته باشیم و بلاخره روشنایی استقلال و آزادی پدیدار خواهد شد. ما باید از تجارب گذشته، اشتباهات گذشته و از دگرگونی های جهانی پند گیریم و به پیش برویم و ان شاء الله موفق می شویم. ما باید غافل نباشیم. در عزم خود راسخ باشیم. خداوند مردم غافل را دوست ندارد. حضرت محمد (ص) فرموده است که: " غافلترین کسانی اند که از دگرگونی جهان پند نگیرد." در رابطه به حدیث که گفته آمد فردوسی چنین گفته است:

جهان سر بر سر حکمت و عبرتست

چرا بهره ی ما همه غفلتست؟

نا امیدی، غفلت و عزم راسخ نداشتن در امور کار یک مسلمان نیست و ما با امید و سعی و تلاش (و ان لیس للانسان الا ما سعی) و توکل به خداوند پیروز می شویم.

جمعه مبارک
پنجشنبه ششم ماه اکتوبر ۲۰۲۲

حدیث شماره ۹۷

جمعه مبارک

سلام عزیزان

یکی از مسائل عمده ای اخلاقی ما مردم دو رویی است که انسان ها دو چهره دارند و خود را پنهان می کنند و تظاهر به ایمان می کنند و این بد ترین صفت است. در سفر های اروپا دوستان زیاد را ملاقات کردم و چیز های نو آموختم و یکی آن همین بود دانستم که بعضی اشخاص دو رو است. سوال درین است که چرا مردم درین کشور های که به اصطلاح آزاد هستند و گروپ های خود را دارند دو رویی می کنند. از چه می ترسند؟ چرا تظاهر می کنند. آفتاب که به دو انگشت پت و پنهان نمی شود. دو چهره داشتن نه تنها صفت بسیار بد است منافقت است و جامعه را به چالش ها می کشاند زیرا مردم بلاخره می دانند که حریف از کدام قماش است. رسول اکرم(ص) فرموده است که: "آدم دو رو تا چه اندازه پست و نکوهیده است، در حضور یک چهره دارد و در غیاب چهره ای دیگر."

دو رویی و منافقت از شروع اسلام بوده و از همین سبب در سوره بقره خداوند در مورد منافقین بسیار سخن دارد. اما باید بدانید که چه کسان دو رو هستند. آنانیکه به خداوند اعتقاد ندارند که از دل های شان آگاه است. چون اعتقاد ندارند که خداوند آنها را می بیند، می شنود و از راز پنهان شان آگاه است منافقت و دو رویی برای شان یک امر طبیعی و عادی است و شاید این صفت را در جمله صفات هوشیار بودن و ذکی بودن خود حساب میکنند که کسی قادر نیست ایشان را بشناسد لذا برای پیشبرد امور شان درست است که همین بازی را بازی کنند.

عزیزان،

منافقت، دو رویی و دو چهره داشتن نه تنها اخلاقی نیست بلکه

مـی توانـد یـک تکلیـف روحـی و روانـی باشـد زیـرا اشـخاص نورمـال و متعهـد بـه اسـلام و یـا هـر ایدیولـوژی دیگـر دو رو بـوده نـه مـی تواننـد. لطفـاً بـرای مطالعـات بیشـتر روانشناسـی اسـلامی، کتـاب ایـن محقـق را زیـر عنـوان مبانـی روانشناسـی در اسـلام بـه زبـان انگلیسـی کـه در سـایت آمـازون بـه دسـترس شـما قـرار دارد مطالعـه کنیـد.

جمعه مبارک
پنجشنبه ۲۰ اکتوبر ۲۰۲۲
از شهر پاریس، فرانسه

حدیث شماره ۹۸

جمعه مبارک

سلام عزیزان

یکی از موضوعات مهم روانشناسی در خانواده کنترل عصاب خرابی و قهر شدن است. این موضوع را در آداب معاشرت هم نوشته ام و اما چون خانواده واحد کوچک اجتماع است باید توجه عزیزان را جلب کنیم که در داخل خانواده این مسله مهمتر از اجتماع است. اعضای خانواده پیر و جوان به محبت احتیاج دارد. می شود که اعضای خانواده در موضوعات اختلاف نظر داشته باشند و اما این اختلاف نظر نباید به عصبی شدن گرایش پیدا کنند. رئیس خانواده مسئولیت بزرگ دارد تا نظم خانوادگی را با میانجی گری عادلانه بین اعضای خانواده بر قرار سازد. خود شخص رئیس چه مرد باشد و یا چه زن باشد مسئولیت بزرگتر دارد زیرا رئیس خانواده باید یک الگوی اخلاق و تربیه و پیشامد نیک باشد. باید شرایط را مطالعه کرد. نباید به خاطر مردم از بیرون خانواده که اعصاب ما را با سخنان بیمورد خراب می کنند ما اعضای خانواده خود را برنجانیم، در مسائل داخل خانواده خداوند به ما گفته است که در امور مشوره کنید. همچنان قرآن مجید به ما گفته است که بدی را به خوبی جواب گویید و وعظ حسنه کنید. قرآن مجید برای مسلمان رهنماو هدایت با علم و حکمت است و در کنار آن احادیث ثقه حضرت رسول کریم (ص) قهر شدن و اعصاب خرابی را محکوم می کند. علمای اسلام به اساس قرآن مجید و احادیث رسول اکرم (ص) زیاد نوشته اند. در فقه شیعه غضب را به غضب پسندیده و ناپسند تفکیک کرده اند. پسندیده آن است که برای دفاع از اسلام شخص غضب می شود و باقی همه ناپسند است. این نا پسندی نباید به حد باشد که نظم خانواده را بر هم زند. بعضی اوقات کسانیکه حرف شنو نیستند نباید در اصرار عقاید تاکید کنیم حتی که حق به جانب باشیم. حضرت رسول کریم

(ص) فرمـوده اسـت کـه: "غضـب ایمـان را فاسـد مـی گردانـد چنانکـه سـرکه عسـل را فاسـد مـی کنـد." بـرای یـک مسـلمان متعهـد اول تریـن مسـئله در زندگی ایمـان اوسـت و ایمـان هـم نـزد مـا یـک امانـت اسـت و مـا بـا اعمـال و گرفتـار خـود نبایـد بـه ایمـان خـود خیانـت کنیـم.

جمعه مبارک
شهر متز، فرانسه

حدیث شماره ۹۹

جمعه مبارک

سلام عزیزان

آهسته آهسته می رسیم به ختم سلسله حدیث هفته. حدیث صدم در هفته آینده آخری است و بعد از آن کوشش می کنیم که این سلسله به زبان آلمانی و فرانسوی به چاپ برسد تا جوانان ما در اروپا بی بهره نمانند.

یک دلیل که من حدیث هفته را نوشتم این است که مردم ما چه از افغانستان است و چه ایران است اکثراً فرهنگ اسلامی ندارند با اینکه مسلمان هستند. بنیانگزار فرهنگ والای اسلام حضرت محمد (ص) است که یک الگو برای جامعه ی نه تنها مسلمان بلکه بشریت است. بسیار مشکلات ما در جامعه و خانواده به خاطر این است که ما فرهنگ اسلامی نداریم. با ظهور طالب نادان، داعش و دیگر گروه های تند رو به نام اسلام، فرهنگ اسلام بسیار صدمه دید و مردم بیخبر از اسلام و بیخبر از شخصیت والای پیامبر، از عملکرد این گروه ها فوراً نتیجه گرفتند که اسلام دین خشونت و بربریت است و تاخت و تاز به جای اینکه به طالب جاهل و گروه های نادان باشد به اسلام شد. کفار عرض اندام کردند و به برنامه ها دعوت شدند و زیر نام آزادی و دموکراسی خواستند اسلام را بد نام کنند و بکوبند و زیر سوال برند. من که این وضعیت و این خرافات را متوجه شدم صد حدیث پیامبر را که به قرآن مطابقت داشت سال گذشته به زبان انگلیسی زیر عنوان اندرز های پیامبر برای جوانان ما که در آمریکا و کشور های انگلیسی زبان بزرگ شده اند به چاپ رساندم و در سایت آمازون موجود است و همچنان این سلسله را با توضیحات موضوعی شروع کردم که سال آینده منحیث یک مجموعه به چاپ خواهد رسید. زیرا کار ما مبارزه علمی است. چیزیکه آنها گفتند ما با علم رد کردیم. هر روز که کفر گفتند به ایمان ما فزونی آمد و زیاد تر

به ایمان خود افتخار کردیم. کفر آنها ما را زیاد تر تشویق به مطالعه کرد و زیاد تر حقیقت را شناختیم که ازین بابت از کفار محترم تشکر می کنم. بلی کفر آنها باعث شد تا ما دیانت خود را علمی تر بشناسم.

بسیار صریح و واضح و پوست کننده منحیث یک تحصیل یافته غرب زمین بگویم که بی دینی نه تنها که افتخار نیست یک کمبودی بسیار عمیق فکری، علمی، تربیوی و انسانی است. بی دینی یعنی خرافاتی زیرا همه جهان هستی دین است و اویکه دین را رد می کند، جهان هستی و صانع آنرا رد می کند و به خرافات پیوسته است. خرافه پرستی این است که انسان به یک چیز که حقیقت ندارد اعتقاد دارد و حقایق و راز های زندگی را انکار می کند و مانند فضا نورد می ماند که در فضا خارج از جو زمین معلق مانده و تکیه گاه ندارد.

چهار خرافات بزرگ در زندگی انسان است که از بی دینی سرچشمه میگیرد:

اول شرک

دوم خود خواهی، کبر و غرور

سوم جهل

چهارم بد گمانی و سوء ظن به خداوند

حضرت رسول کریم (ص) فرموده است که: " با پدید آمدن اسلام، تمام عقاید خرافی و تفوق طلبی های غلط نابود شده و زیر پای من قرار گرفته است."

الها پرودگارا ما را ازین چهار خرافات بزرگ یعنی شرک، کبر و غرور، جهل و نادانی و سوء ظن در امان داشته باش و ما را در جمله صالحین و شاکرین محشور بگردان.

جمعه مبارک
پنجشنبه دهم نوامبر ۲۰۲۲

حدیث شماره ۱۰۰

جمعه مبارک

سلام عزیزان

خداونـد را سپاسـگزارم کـه صـد حدیـث ثقـه حضـرت رسـول کریـم (ص) را بـا تشـریحات موضوعـی و رابطـه حدیـث در زندگـی امـروز خدمت شـما مؤمنـان عزیـز تقدیـم کـردم و امـروز حدیـث شـماره ۱۰۰ تقدیـم شـما مـی شـود و ایـن سلسـله در همیـن جـا ختـم مـی شـود. بـه نوشـتن آداب معاشـرت، برگـه هـای از تاریـخ افغانسـتان و مضامیـن کوتـاه بـه زبـان انگلیسـی بـرای جوانـان کـه در غـرب زمیـن زندگـی دارنـد دوام خواهـم داد.

از نـگاه تحقیقـات علمـی و طـرز العمـل تحقیقـات جدیـد کـه در دانشـگاه هـای امـروزی بـه نـام Methodology of Research یـاد مـی شـود قبـول کـردن راوی در احادیـث کـه از قدیـم بـه مـا رسـیده اسـت کار مـا را مشـکل مـی سـازد زیـرا از دهـن پیامبـر اکـرم (ص) نقـل قـول شـده اسـت نـه اینکـه شـخص پیامبـر آن احادیـث را بررسـی کـرده باشـد و اجـازه داده باشـد کـه درسـت اسـت. ازیـن رو، مـا بایـد دقت کنیـم کـه حدیـث بایـد اول مطابقـت بـه قـرآن داشـته باشـد. دوم بـه شـخصیت والای پیامبـر (ص) زیـرا قـرآن مجیـد او را رحمـت للعالمیـن خطـاب کـرده اسـت. سـوم بـه عـدل مطابقـت داشـته باشـد زیـرا قـران کریـم نـه تنهـا کـه کتـاب علـم و حکمـت و هدایـت اسـت ، کتـاب عدالـت اسـت. چهـارم چـون قـرآن عظیـم الشـان بـرای مسـلمانان کتـاب علـم اسـت ، آورنـده ای ایـن کتـاب کـه رسـول اکـرم (ص) اسـت بایـد مظهـر علـم باشـد. یعنـی اگـر یـک حدیـث بـا سـه مرجـع مطابقـت نداشـته باشـد مرجـع آخـری علـم اسـت کـه بایـد از نـگاه علمـی جوابگـو باشـد. ایـن چهـار رکـن از نـگاه اسـلام شناسـی مـا را قـادر مـی سـازد کـه یـک حدیـث را کورکورانـه قبـول نکنیـم.

علـم جامعـه شناسـی مـا را از تیـوری Functionalism آگاهـی میدهـد. ایـن تیـوری در زبـان فارسـی نظریـه کارگـرد گرایـی ترجمـه مـی شـود. دریـن نظریـه جامعـه بخـش هـای متفاوتـی دارد و ایـن بخـش هـا بـا

هم در ارتباط هستند. هر بخش کارگرد ویژه ای دارد و هیچ بخشی بدون کمک بخش دیگر کار کردی ندارد. بطور مثال یک دانشگاه نه می تواند بدون اسانید و مدیران خود فعالیت کند.

وقتی قرآن می گوید "و قل رب زدنی علما" یعنی الها بر علم من بیفزای، هدف این است که ما از طریق علوم انسانی و ساینس می توانیم دین خود را خوبتر شناسایی کنیم.

بسیار شگفت انگیز است که تیوری کارگرد گرایی در حدیث پیامبر (ص) مشهود است. رسول اکرم (ص) فرموده است که: "دعوا الناس یرزق الله بعضهم ببعض" یعنی بگذارید خداوند بعضی مردم را بوسیله بعضی دیگر روزی دهد (حدیث شماره ۱۵۷۲، صفحه ۴۸۳، نهج الفصاحه: مجموعه کلمات قصار حضرت رسول اکرم (ص) با ترجمه فارسی بانضمام فهرست موضوعی از ابوالقاسم پاینده، ۱۳۷۶ هجری خورشیدی تهران.)

نه تنها که حدیث فوق به قرآن کریم مطابقت دارد زیرا قرآن می گوید" قل عملوا" یعنی کار کنید، این حدیث به علم امروزی از نگاه جامعه شناسی تطابق کامل دارد. بگذارید که یک کسی یک کس دیگر را روزی دهد. و تیوری کارگرد گرایی همین است مردم جامعه باید کار های مختلف داشته باشند که با همکاری شان اساس جامعه مدنی ساخته شود. یک بیمارستان با همه تجهیزات و طبیبان نه می تواند بدون پرستار به پیش برود.

حدیث پیامبر (ص) واقعاً فرهنگ دهنده و علمی است وقتی متن حدیث با علوم امروزی بررسی شود.

کوشش می شود که مجموعه ای این احادیث مبارک زیر عنوان "حدیث هفته" در سال آینده یعنی ۲۰۲۳ به شکل یک کتاب که زینت کتابخانه های شخصی شما شود به زبان فارسی با ترجمه فرانسوی و آلمانی از طریق سایت جهانی آمازون به دسترس شما عزیزان مؤمن و متعهد به اسلام قرار گیرد.

این سلسله مورخ جمعه هژدهم ماه نوامبر ۲۰۲۲ قبل از نماز جمعه به پایان رسید.

التماس دعا

فرید یونس